牛津非常短講 001

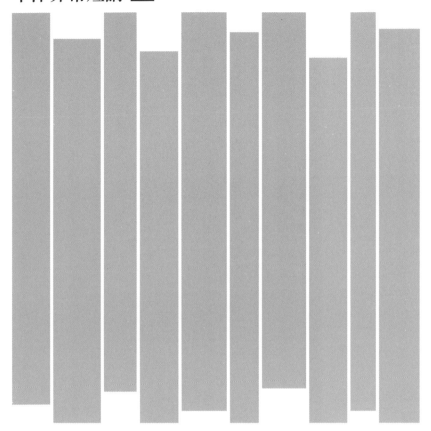

自由主義

Liberalism

A VERY SHORT INTRODUCTION

麥可·弗里登——著
Michael Freeden
吳家恆，傅士哲——譯

目次

*編輯說明：本書所附隨頁註，除標示〔譯註〕外，餘為編註。

第一章

一棟很多房間的屋子

當世人最早把liberal一詞解為「慷慨、充分」的意思時，並不曉得自由主義（liberalism）會釋出這麼大的力道。而當liberal跟「心胸開闊」、「寬容異見」扯上關係之後，它未來的命運便可看出端倪了。在兩百年前，liberales在西班牙用來指稱一個政黨，此後liberalism便正式登上公共舞台：當作一句激勵人心的口號，號召那些想要擺脫不公限制、渴望空間的個人，同時也是一套制度的安排，意在將政治的運作納入憲政規範之中。它更成為指標，用來指稱意圖改革、解放的觀念與政策，為那些希望照著自己的理解來過日子的人開啟了可能性。自由主義就跟所有的意識形態與集體遵奉的信念系統一樣，都在爭取眾人的認可與履行，也都會受到許多陣營的責難詆毀。

問題出在這裡：沒有一個單一、清清楚楚、可稱之為「自由主義」的東西。所有曾經存在過、以及依然存在的自由主義，都會有意無意從那繁浩的卷帙之中挑選某些說法，其他則予以棄置。這是因為某些特質彼此不相容，但也是知識的風尚改變之故。其結果便是，一些信念體系與理論雖然同處於自由主義的屋簷下，但是沒有任何一個能在觀念和政治安排上，把所有的可能性——包括字面的各種涵義，以及在不同時代、不同地方的政治實踐——都涵括進去。只消想一想像是古典自由主義（classical liberalism）、社會自由主義（social liberalism）或新自由主義（neoliberalism）的例子便知：這三個名詞到今天仍在使用。古典自由主義圍繞著個人自由（這與自由主義的字源密切相關）、人的獨立與法治，重要的是，它限制了國家或政府施加於個體的作為。百餘年前，在英國出現了新型自由主義（new liberalism），與北歐的社會—民主浪潮相呼應；新型自由主義和社會自由主義都是在探討個人如何在互助與相互依存的網絡支撐下發展成長。現代福利國家就是從自由主義的這一支發展出來的。然而，此「新」（new）與彼「新」（neo）卻有截然不同的走向，特別讓人困惑。新自由主義是二十世紀後半葉的產物，強調市場競爭與個人發展所帶來的有利結果，而不重人類福祉之增進。我們在第七章會討論到，它冠上「自由」一詞是極有爭議的。有人認為自由主義關乎私人的行為不受限制，有人認為自由主義涉及個體在一個相互支持的社會中的合理發展，而這兩群人是少有什麼共通之處的[1]。

不管是支持自由主義、還是批評自由主義，對於自由主義哪一種特質最重要也往往莫衷一是，這點也不足為奇。自由主義是要增進個人自由，還是要尊重每一個人，平等對待？自由主義是要限制對他人造成傷害，還是鼓勵人去發展？它是要讓人更有人性，還是要更有生產力？是否有一個正牌的自由主義，而其他則是分身？其他的意識形態是否如禿鷹一般攻擊自由主義，取其所需，其餘則棄置任其腐朽？研究者若想認識自由主義，他們的挑戰是如何同理這些不同的理解方式，而不是表現一己的好惡。因此，以複數來談論自由主義會是

1〔譯按〕如同這段所說明的，new liberalsim 和 neoliberalism 是完全不一樣的東西，在譯名上也應加以分別，本書中提及與社會自由主義近似的 new liberalsim 均譯為「新型自由主義」，強調市場競爭的 neoliberalism 則同一般的翻譯，作「新自由主義」，以資區別。

比較精確的做法，每一種自由主義都屬於一個大家族，有相似、也有相異之處。在自由主義大家族裡，許多成員之間有相同的特性，有些則是形同陌路。

自由主義戰勝了嗎？

自由主義不管是作為政治的意識形態還是對公平社會所做的哲學思考，無數的擁護者都視之為成功故事。美國學者法蘭西斯・福山[2]鼓吹這種看法可謂不遺餘力，他在二十多年前就在宣揚「自由主義理念」的勝利。在他眼中，自由主義已被廣為接受，其普遍的程度是其他的主義所不及的。這難道就是意識形態衝突的終結嗎？我們現在都是自由主義者嗎？如此信心滿滿的看法，馬上引發三個問題。第一，意識形態的終點界標立在哪裡？意識形態什麼時候才可以鬆一口氣：「我們終於打敗其他人了！」？從歷史看不出什麼終結的跡象，尤其我們還在對當前的事件和概念下判斷。畢竟，在現代社會中，還是有人相信魔術——它曾經是個能解釋事件發生的有力因素。除非我們知道判定意識形態勝利的標準是什麼，除非我們能建立意識形態對撞的終點，不然這些問題仍然是沒有意義的。那些認為自由主義勝利的人其實說的是，某一種自由主義贏了，而其他的自由主義都輸了。但這也是無法證明的，因為在概念、理論或意識形態的領域，勝敗總是見仁見智，爭論不休。風光一時，有可能最終落敗一世：共產主義在二十世紀的歷史說明了這點，但是誰曉得之後又會如何呢？

其次，並沒有太多證據支持，自由主義廣為世人所接受。有人以實踐某種自由民主為抱負，但是緊捱著的可能就是建立在宗教、激進的民粹主義、專制國家，當然還有很多保守政權。在福山所居住的美國社會，自由主義受到不少謾罵。但是，自由主義陣營的看法難道不會逐漸形成共識嗎？關於這點，論斷

2 法蘭西斯・福山（Francis Fukuyama, 1952-）哈佛大學政治學博士，美國作家和政治理論家。他的第一部主要著作《歷史的終結與最後的人》（1992）贏得了國際讚譽，書中認為人類歷史的前進與意識形態之間的鬥爭正走向「終結」，隨著冷戰的結束，「自由民主」和資本主義被定於一尊，是「資本陣營」的勝利。在政治上，福山被認為是新保守主義的主要人物，但後來與政治運動保持距離，而在共和黨人川普當選美國總統和英國決定退出歐盟之後，他認為世界正在經歷一場「民主衰退」。

意識形態未來會如何傳播，似乎太過草率且容易出錯。在一個快速變遷且越來越破碎的世界，預測理念的未來變得更困難。就算是那些宣稱親眼目睹全球化日益加深的人，他們口中的全球互相依賴論也是各不相同、針鋒相對的：舉個例子，從市場價值的角度來談全球化，跟從人類團結的角度來看全球化是截然不同的。所以自由主義的全球化還在虛無飄渺間，可能永遠都不會實現。

第三，福山的看法假設了有一個清清楚楚、可被稱為「自由主義」的東西。但是從證據卻會得出相反的結論。我們若能承認，看待自由主義的方式有很多種，那麼對於理解自由主義將會大有幫助。每一個角度都會凸顯了某些特徵，隱去其他特徵。在看畫的時候，我們會問關於藝術家的問題、關於創作、關於美學、關於技法和使用的材料、關於其商業價值、關於它在藝術史上的地位問題，端視我們對哪個主題最感興趣。同理，面對自由主義就如同面對所有的意識形態，並沒有一條途徑可以涵蓋所有我們想知道的事情，沒有一個定義能道盡它所有的表現。

因此，本書將從幾個不同的角度來探討自由主義。借用福山有瑕疵的比喻來說，在這場所謂的賽跑中，有好幾名自由主義的選手，就算我們貿然宣布自由主義贏得比賽，也看不出到底是哪個版本「獲勝」。棲居於「自由主義」這個標籤底下的想法與安排有可能發生突變，從過去的經驗來看正是如此。「終結論」隔一陣就發作，不僅散發出一陣陣烏托邦思想、目的論的必然性、甚或是憤世嫉俗的氣息，讓政治評論家和預言社會變遷的人都覺得困擾。即便沒有一個定義能涵括各種不同的自由主義，我們在第四章仍會對一些歷久不變的特徵詳加說明。

自由主義的魅力

自由主義有其吸引眾人之處。雖然自由主義並沒有福山說的那種普遍性，但是為數眾多的政治哲學家卻認為它對社會與政治生活提出了高貴願景，人人都應該接受。即使做不到這一點，自由主義仍是一組廣受尊敬的概念，至少在西方世界是如此——不過，我們也會看到，它也遭受激進派和保守派的圍剿。

更有甚者，基於自由主義所做的措施會影響制度，而其結果又被織入一張龐大——有時是沾沾自喜——的歷史織錦中。很多措施都含括在「自由民主」一詞之中。自由民主是判斷政府良莠的標準之一，在許多國家已是淵遠流長，有些國家則奉為夢寐以求的目標。它清楚表達了一個訊息：民主自由（如果這指的是由人民治理）都是好的，而贏得選舉、政府受人民愛戴只是基本要求而已。政治體系必須達到這個要求，但光是如此還稱不上「自由」。自由主義者認為，民主還須表現出其他的特徵，才能當成一個好的政府體系。民主不只是追求多數統治而已，還要公平、寬容、涵容、克制、自我批判。自由民主不只是選舉而已，還得是自由選舉才行。光是代議政府還不夠，還得要是可問責、受約束的政府。它不僅關乎有權投票，投票權還須平等、不受監督。它也涉及關注到社會中所有成員的福祉，這個原則需要政府的作為，不同的詮釋。自由主義者所要求的特質五花八門，宣揚自由主義要比理解它容易多了。

自由主義的實踐會影響憲政，會影響政治辯論的開放程度，也會影響社會願意讓成員享有多少權利。自由主義的實踐往往也與財產重分配的宏圖相關，這是為了增加每個人的生存機會，不過有些人會從保守或自由放任主義的角度，譴責這是一種社會主義。就跟所有的意識形態一樣，揭櫫的原則是一套，而實際運作的又是一套。自由主義的原則甚至會被支持者所破壞，有些社會則是直接排拒。碰到這種情形，我們就得決定，到底是自由主義的原則還是做法比較能讓我們判定什麼是典型的自由主義。坐在書桌前研究資料並沒有錯，但是光靠這個是無法評判自由主義的。這關係到一個社會採取的是哪一種政治形態。

但是，在政治對話、語言與爭論的世界中，自由主義的心智架構、思考模式也發揮作用。哲學家、政治理論家、思想史家、政治人物和政黨都自信滿滿，提出各自的模式、目標，提出批評與確信的事情。自由主義是一組走向美好生活的指導原則，哲學家與倫理學家常把它們看成一套德行戒律，值得普受敬重。所以，當福山把自由主義當成一種放諸四海皆通的意識形態時（顯然它並不是），一些政治理論家仍然主張自由主義是一種應該具有普遍性的哲學與倫理要求：這是社會道德與正義最高的表現方式。對他們來說，有一組理念是通用的，且不論在現實中是否已經實踐，都是每一個頭腦健全的人所適用的。總而言之，對很多人來說，自由主義是一個炙手可熱的標籤，一旦握在手上，就會積極捍衛。支持自由主義的人沉浸在這個詞語的光輝中；鄙夷自由主義的人則說它不食人間煙火，嘲笑它的偽善。

大量特定的自由主義

還有一個問題也令人擔憂。自由主義這套信念源出歐洲，但是它在歐洲的定義也莫衷一是。它在歐洲各地的名聲，還有它隱含的意涵，使得自由主義在政治光譜中有好些位置可以放：在英國可以放在中間偏左，在法國和德國可以放在中間偏右。在北歐國家（尤以瑞典為然），許多自由主義的想法是放在社會—民主的籃子裡，而冠以自由主義之名的想法常與菁英或中產階級的個人主義相提並論。在歐洲及其他地方以及歐洲以外，各類型的社會主義者指控自由主義損及勞工階級的利益，助長反社會的自私行徑。在東歐，自從一九八九年共黨垮台之後，自由主義為那些逃離中央集權的人提供了保護，不受國家侵擾，在社會之內也得安寧。但是其他的東歐人則認為，自由主義提供了市場經濟的甜美果實，而這是他們過去的意識形態與政治體系所否認的。自由主義也受害於誤解和矛盾猶豫的心理。在美國，人們認為自由主義者支持大政府和人權，或是鼓吹褓姆國家。在一些宗教色彩濃厚的國家，自由主義差不多就是異端，錯把人（而非上帝）當成萬事萬物的準繩，把世俗的傲慢、個人的偏好置於神聖意志之上。

這都不令人驚訝，一個如此受人注目的學說在發展過程中勢必飽受抨擊與懷疑。有些人把自由主義貶為多餘、礙事、讓人失去活力的學說，在它的大旗之下，既造成社會、也造成個人的傷害。許多後結構主義者指責自由主義者灌輸了錯誤的和諧與合作的觀念，並責備他們成為個人主義者。有些文化界人士批評自由主義把自己放在傳統的社會智慧之上。不管自由主義展現多大的關懷，也被說成是資本主義的宣言。它被駁斥為一串西方的概念，圖的是取代或屈服其他對社會生活的理解，不僅掩護歐洲內部大規模的剝削，也同樣令人不安地掩護了在前歐洲殖民地的殖民政策。它被譴責為一種無法賦予女性適當社會地位的信條；被譏為過於看重人的理性能力，罔顧情緒與激情的力量；或是被貶為一廂情願的共識，掩蓋了眾聲喧嘩與斷裂。

總而言之，尋求真理的人採納自由主義，人道主義者支持它，改革人士爭取它，水火不容的意識形態拋棄它，想要掩飾政治意圖的人刻意濫用它，有些人則攻擊自由主義，認為這只是自欺欺人的幌子，幹的却是反社會的勾當。自由主義有許多不同的面貌，它既令人驕傲，同時也讓人惋惜。說到底，自由主義是最核心、散布最廣的政治理論與意識形態之一。它的歷史承載了理性思維、政治實踐與哲學——倫理學創見的重要遺緒；它在發展過程中所衍生的不同流派催生出人類最重要的精神成就。少了自由主義，現代國家無從設想。自由主義者心中的國家是把個人的利益置於統治者的利益之前；承認政府的限制與可能性；推動市場交易，以提升生活水準；將私有財產合法化，以利於個人豐裕繁榮；讓個人擺脫重重限制，獲得自由與勃興；尊重法律與憲政安排。沒有自由主義者對人類尊嚴的主張，個人的創造力與獨特性將難以想像，更遑論維繫。但是，自由主義的成就不止於此。晚近它還關切其他人的處境與福祉，也敏於察覺社會裡的差異。

自由主義之聲：初探

在過去兩百年來，一些自由主義者的看法已經成了一組可辨認的政治原則，也是一套強而有力的意識形態，所以我們就來看一看他們是怎麼說的：

自由主義……始自承認人是自由的，發自自身的性格，為其所欲為，不可強迫。——柯靈烏

不管人批評政府的權利是何等卑微、不穩定、含糊不清，自由主義者都視之為每個人神聖不可侵犯的權利。——里奧·史特勞斯

「自由主義者」一詞主要的意涵是政治的，但其意義又是由它所設想的生命品質、它意欲確認的情感來界定。——李奧尼·屈林

自由主義是現代世界生活架構的基本要素，無所不在。自由主義相信，每個人的獨特個性具有自尋出路的力量，社會可以安穩建構在此一力量之上，要建立真正的社會，唯有以此為基礎。——霍布豪斯

接著也有批評的聲音。一種說法認為，自由主義者是以階級為基礎，利用市場來進行剝削。馬克思和恩格斯寫到法國大革命前後法國和德國的中產階級時說道，「這種積極的布爾喬亞自由主義表現出……無恥的布爾喬亞唯利是圖的作風。」還有人認為，自由主義者把政治變為破壞性競爭、喧鬧的競技場，而非追尋團結一致。後馬克思主義的哲學家尚塔爾・墨菲[3]寫道，「自由主義只是把已經存在於社會中的分岐利益轉移到公共領域，把政治時刻化約成在各方利益之間折衝的過程。」許多美國的保守主義者把自由主義當成蔑稱，把它與干涉過多、花錢不手軟的政府相提並論，或是認為他們過於關切少數族裔和社會邊緣人的權益，罔顧有責任心的公民，因為他人失敗的重擔，不應加在他們身上。美國保守派作家羅素・柯克抱怨，「今天的自由主義者在各個領域反

倒擁護國家暴政，為他打算解救人民的意圖提供了辯解。」

最後，我們還有專業政治理論家和哲學家的看法。特別是在這群人中，自由主義被視為一種關乎正義與公共德性的理論。就如哲學家約翰・羅爾斯所說：「一個自由主義者對正義的政治概念，其內容有三個要素：列舉人人都有的基本權利與自由，再來是這些自由的優先順序，並確保所有社會成員都有適當的通用手段來運用他們的權利與自由。」法律學者羅納德・德沃金提出另一種觀點，他從法律道德的角度，把自由主義定義為一種特定的平等論，「政府對於所謂美好生活的問題，都必須保持中立」，因而讓所有的公民都受到同等的對待。此處的假設是，每個人會為自己的人生做出最好的選擇，政府應該避免在私領域主導任何道德選項。

3 尚塔爾・墨菲（Chantal Mouffe, 1943-），政治哲學家、後馬克思主義的代表人物。最知名的著作是與厄尼斯特・拉克勞合著的《霸權與社會主義的策略——走向激進民主政治》（*Hegemony and Socialist Strategy: Towards a Radical Democratic Politics*），在其中首次提出了後馬克思主義的概念。

作為歷史、意識形態與哲學的自由主義

有三種方式可以來處理接觸自由主義的各種經驗。我們可以採取很多人已經用過、而且現在還這麼做的方式：探索自由主義的特徵，找出正確的那一種，然後不要想太多，把其他的特徵當成錯的或誤解即可。不管我們如何看待這種尋求事實的方式，這不允許我們在探討自由主義時具有彈性或多元性。另外，我們可以試著找出最典型、最常見的幾種自由主義樣貌，把它當作基準。然後，我們會冒著一個風險：支持者可能會錯認他們所相信的自由主義，而我們若是聽任多數人的意見變來變去，就有可能犧牲自由主義所具有的細緻與質地。或者，我們可以提供一張地圖，來標示、定位與追蹤不同自由主義的特徵，有些特徵是共通的，有些則是特有的。這麼一張地圖或許能讓我們領會到，不同的自由主義是怎麼湊在一起的。有了這張地圖，我們可以掌握自由主義的全貌與力量，也能衡量重要變項的貢獻與缺點。這將是我們在這裡使用的方法。接下來的幾章會分析人們在述及自由主義時所表現出來的一些偏好，但並不必然會為之背書。但是，就像在第七章所指出的，我們也得留心，自由主義的立場遭到濫用的可能性。

自由主義者總把自己看成一個思想傳統的一部分，這個傳統處理個人與社會之間的關連，而他們可以從提倡自然權利與寬容的洛克（一六三二—一七〇四），以及擁護自由的彌爾（一八〇六—七三）等人中承繼顯赫的血統。因此，研究自由主義一個成熟的方法是把它當作歷史故事來處理，講的是個人與社會如何進步。「進步」一詞在此是有用的，背後含藏的假定是：在穩定漸進的過程中，自由主義的計畫會讓人類處境持續改善與提升。儘管自由主義者對於自由主義走過什麼路途有非常明確的說法，不過自由主義學者對於這一路上發生的事，卻可能提出相當不同的看法。關於自由主義主要的概念是什麼？自由主義有哪些重要創見，他們的看法會有很大的分歧。自由主義在何時達到巔峰？自由主義只是不切實際的理論，抑或本領日益強大？自由主義是違背抑或鞏固了初衷？對這些問題的看法可能也是南轅北轍。自由主義在發展過程中的改變並不均勻，隨著時間的推移，它漸漸產生各種層次的論述，並豐富了它的特性。

自由主義的時間層次
1、一套限制權力的理論，目的是保障個人權利與空間，人民可以在其中生活，不受政府壓迫。
2、一套經濟互動與自由市場的理論，讓個人從財貨的交換中得到好處。
3、一套人類逐漸進步的理論，意圖使個人在不傷害他人的前提下，發揮其潛質與能力。
4、一個互相依賴且國家提供福利的理論，此乃個人獲致自由與昌盛所必需。
5、一個承認多樣生活模式、信仰與目標的理論，以建立多元而容忍的社會。

我們在第三章還會探討，在此可以說，從歷史來看，自由主義包含了五個時間的層次（上表）。

有些層次已經消失，有些已經黯然失色。不同的層次在任何時間點都可能變得更重要或式微，也因此，自由主義如何在不同的層次之間穿梭，也會得出非常分歧的結論。

但是，前面已提過，自由主義也是一種意識形態，在擁擠的意識形態世界中競爭勢力範圍。這個意思是說它展現了意識形態所共通的特徵：意識形態是一組想法、信念與價值，表現出不斷重複的模式，以付諸實行為目標。意識形態意在合理化、競逐或改變一個政治社群的社會與政治安排。自由主義也以此方式積極運作，試圖控制公共政策與政治語言，但它當然也只是眾多意識形態中的一種而已，它曾經努力爭取認可、發揮影響，如今也仍然需要這麼做。

自由主義在第三個層面建構了一套世界觀，試圖建立各種美好生活的原則，凡有理性的人都應接納採行。在此意義下，它把自己置於政治鬥爭之上，提出真實而一致的倫理標準，放諸四海的文明社會都應遵守。此類哲學觀點只有偶而會把時代與文化的限制納入考慮，這些限制使得那套理想的實現問題重重。話說回來，對自由主義哲學原則的闡述是近來政治哲學的重點所在，而我們會在第六章來探究這些論述。

然而，如果自由主義有很多種的話，那麼我們最好是透過歷史分析與意識形態分析來界定，而非透過理念類型的哲學假設，因為哲學假設在本質上是一元的。那些自由主義的歧異存在於兩個層面。如前所述，第一個層面關乎地理和文化差異。就算是放諸四海皆準的自由主義（要是真有這種東西的話），也得透過那個社會的文化濾網。這就像是做菜，當地的食材與風味對於自由主義的料理有相當深遠的影響。在商業和金融中心，自由主義所樂見的企業家屬性脫穎而出。在經歷過世俗化的社會中，看重的是人的尊嚴，而不是上帝所欲的自然權利，這支撐了自由主義對人的易感與尊重。在多元文化的社會中，憲法賦予的權利是衡量各群體（以種族、地理分布、宗教或性別為基礎）自決能力的標準，這在自由主義的論辯中也很重要。我們對自身所處時空的意識，造成了這些細微的差異。

自由主義的形態學

研究意識形態也讓我們警覺到另一種多樣性。意識形態（包括自由主義在內）以特定的方式把概念組合起來，有著獨特的面貌，一眼可辨的形態特徵。它們以成群團簇的方式來調度像是自由、正義、平等或權利等政治概念。在自由主義核心的內容就是那些出現在各種版本的概念，如果少了這些概念，就辨

自由主義的概念形態學

自由主義是一種意識形態，以七個政治概念做為核心，彼此相互激盪：自由、理性、個體性、進步、社會性、公共利益以及有限且可問責的權力。

識不出自由主義了。我們在第四章還會討論，在此暫且先分析自由主義者所書所言〔上表〕。

所有的自由主義都圍繞著這七個核心要素。然而，各種自由主義之間的差異也逐漸浮現。首先，在自由主義的大家族中，每一個概念的比重都不盡相同。比方說，有些自由主義可能會承認情感的角色，稍微貶抑理性；有些則淡化人與生俱來的社會性；但也有人會讓個體性凌駕於對公共利益的考量之上。自由主義雞尾酒的基本原料或許相去不遠，但是每一種原料的分量卻有所不同。

第二，這些概念的意義都不只一個。舉個例子，自由可以指涉沒有外在的限制，讓人自行決定，但它也可以關乎將個人潛能發揮出來，促成自我發展。它還可以進一步指稱一群人或一個國家在成員的共同努力下，掙脫外在限制、得到解放，或是表示個體不受限制，可以為所欲為，造成無政府或社會秩序崩解的狀態。因為所有的基本政治觀念都衍生出許多概念，面對一個特定的狀況，到底哪一個最適用，也總是爭論不休。意識形態扮演很多關鍵角色，其中一個就是要決定支持哪一個概念。換言之，藉著確認意義（且不論這意義是多麼有問題而虛幻），降低了這些觀念之間的爭執。全球各地不同的文化會把某些意義納入，其他則予以排除。選擇某一個意義不一定是蓄意欺騙，也可能是衷心相信或是在不知不覺中採用。說到底，並沒有正確的公式，沒有全然客觀的觀點，無法一勞永逸、明確指認自由主義應該含括什麼、指涉什麼。但是，就算確定性是短暫而虛幻的，人們也要把它創造出來，生活才過得下去，因為沒有確定性，我們就無從理解世界，面對左右為難的局面也無從抉擇。當人們嘗試在社會與政治場域中航行，自由主義提供了一張地圖——而它已經指引了許多個人、政府與社會。我們在第四章會重新檢視這條理解自由主義的途徑。

自由主義的建制

自由主義顯然與政治運動、組織和政黨有關連。大部分採行自由民主形式的歐洲或其他國家，都有一個在名稱或政綱上標榜自由主義的政黨。許多組織機構（尤其是在國際舞台上）都認為自己是一般意義上的自由主義觀念的傳播者。一九四五年通過的《聯合國憲章》強調追求和平、正義、平等權利，不分種族、性別、語言或宗教——這些原則都是直接參照自由主義的詞彙。但是在這裡，自由主義的意識形態與制度設計出現了鴻溝。一般來說，自由主義的意識形態通常比打著自由主義旗號的政黨和團體來得廣泛。凱因斯的話讓人印象深刻：「這很可能是自由黨[4]能貢獻國家的最好方式：提供內閣給保守黨政府，提供觀念給工黨政府。」但是凱因斯的說法已經未必適用，英國的自由黨——也就是今天的自由民主黨——在這些年來廣泛汲取各種自由主義思想，而政黨則很少是提供意識形態創新的來源。實情確是如此，有些政黨標榜「自由主義」的標籤，但是跟自由主義沒什麼關係，日本的自由民主黨[5]就是一個例子，這是一個中間偏右的保守政黨。自由主義的思想家和理念通常是從知識分子間的辯論產生，或是來自社會改革人士和記者（還包括以自由主義為目標的報紙）對運動的熱衷，也有來自壓力團體，近來則有智庫與部落格也會出現思想家與理念。但是，由於政黨的公眾形象，社會大眾還是會認為政黨代表了它所標榜的意識形態。十九世紀是自由主義政黨的全盛時期，能左右意識形態的落實，不過此後的影響力日漸式微。因此，政黨並不是一個可靠的指標，不能全然代表它們所聲稱的意識形態。政黨裡也很少有自由主義的哲學家做專業而抽象的論述，這是因為政黨必須花力氣來簡化闡述，使其能與民眾溝通，吸引選民。有時候，政治哲學家如彌爾還曾當上國會議員，但是他們以這個身分所發揮的影響力並不大。我們在後面的章節只會偶而提到建制化的自由主義。這本身就是個很有意思的主題，但是我們無法藉此碰觸到自由主義的核心。

除了具有自由主義的政治色彩之外，自由主義對於看待世界的方式也有廣泛的影響。不誇張地說，政治現代性的文化特徵——像是開放性、反思性、批判距離、懷疑態度和實驗性——都是從一個嚮往自由的心靈得到啟發。意識形態的影響力不能只以狹窄的政治平台來衡量。

4 自由黨（The Liberal Party），英國政黨，成立於一八五九年，曾經長期執政，與保守黨並列英國國會兩大政黨，直至一九二二年被工黨取代，成為第三大黨；一九八八年和社會民主黨合併，組成自由民主黨。二〇一〇年大選後與保守黨組成聯合政府；受蘇格蘭獨立公投影響，二〇一五年大選後，蘇格蘭民族黨成為第三大黨，自由民主黨退居第四。

5 自由民主黨（Liberal Democratic Party），簡稱自民黨，成立於一九五五年的日本保守主義政黨，長期執政，是日本一黨獨大制度的核心，維持了自民黨為執政黨、社會黨為最大在野黨的穩定兩黨政治狀態，僅在一九九三—六年、二〇〇九—一二年短暫失去政權。

第二章 自由主義的敘事

政治思想史的書寫與教育向來有個不尋常的傳統，把此歷史呈現為幾乎只是五十幾個人的思想累積。這條譜系從柏拉圖和亞里斯多德開始，經過聖奧古斯丁和多瑪斯·阿奎那，再由馬基維利到霍布斯、洛克和盧梭。此後再分枝到黑格爾、馬克思和彌爾，進入二十世紀展開的軌道又更細。有時在路上還有比較小的停駐點，端視你走哪條路而有所不同。我們不會忽略這個傳統，第五章會專門審視這些路線的重要人物。的確，不時會有人著力拓展這個譜系，劍橋大學推出的藍皮書系列[1]就是如此，所以我們現在的名單中大概有一百多人。

1 指的是劍橋大學出版社的Cambridge Texts in the History of Political Thought系列，因整個系列每

但是，我們先停下來想一想：不管是五十人也好、一百人也好，其他的歷史領域會由這麼少的人說了算嗎？比如社會史學者或文化史學者做得到嗎？此一政治思想研究掀起一陣奇特的歷史浪潮——或是平靜無波——的原因很複雜。其一，這並不是出於歷史學者的設想，而主要是由哲學家推動，他們首要關注於獨特、出眾且能預見未來的事物。其二，它根植於演化論之上，認為政治思想會以清楚的順序展現，但此一演化論的途徑如今已有爭議。其三，在大學的鼓勵之下，它成了一個代代相傳的做法：具體提出政治理念，建構高貴文化、具有挑戰性的核心，即使其中充滿了西方的偏見。

自由主義者當然參與了這項人類想像力的壯舉，有所選擇而且菁英色彩濃厚。如第一章所言，理解自由主義的一種方式，就是把它看成一個個體與社會與時俱進的故事。自由主義者想要說的是文明的發展與人性的進步。照這個樂觀的說法，人類越來越受到對自由的愛好所驅策，反對暴政與壓迫。個體性的孕育，以及對他人個體性的尊重，乃是美好社會的標誌。於是，自由主義者想要藉由賦予個人好幾套權利，來保護並增進其自由與個體性，進而掌握個人、國家與社會之間的關係。

自由主義的史前史

自由主義的故事是從哪裡開始的？「自由主義」擷取了許多概念，而這個字的歷史及其使用是相當晚近的。「自由」（liberal）一字用在政治上始自一八一〇年代的西班牙。在英國則晚了幾年，在一八二〇年代才開始帶有政治意涵，不只意味著「慷慨」或「豐足」，也有「極端」、「激進」或「改革派」之意。但是自由主義的源頭更為古老。我們在中世紀晚期就可見到自由主義的原型，或是一些後來發展為自由主義信念的概念。

概略而論，自由主義最早是一種運動，要把人從社會與政治的枷鎖中解救

本封面均以藍色為底，暱稱藍皮書。這個系列旨在提供政治思想史中最重要的文本，從古希臘到二十世紀，以及世界各地的政治傳統，每本都包含重要的介紹與年表、傳記、延伸閱讀、詞彙表等文本工具。

出來，不受其所限制與剝削。殘暴的君王、封建制度與特權，加上高壓的教會，讓人覺得受到壓迫，越來越難以忍受，隨著現代世界的到來，扞格也日漸加深。因此，自由主義概念的興起與歐洲各地所發生的社會變遷相關。其中之一便是挑戰宗教的壟斷，世俗權力設法擺脫教會的控制，繼而教會內部也反對宗教信仰儀軌定於一尊，尤其見於宗教改革期間。人民越來越常出聲表達反抗暴政的權利，最後這累積成洛克提出的著名主張：統治者若是對臣民施加「一連串的倒行逆施」，那麼人民有權把他換掉。不過，「默示同意」的概念還在發展初期。除了建立一個政治社會——這是相當罕見的事件外，它在本質上並非民主。它的重點在於發出異議，而非表示同意。人民是先有權對政府說「是」——為了推動所欲的政治作為而授權政府去行動——然後才有權對不好的政府說「不」[2]。洛克認為默認的「同意」就足已表示政府具有合法性：只以透過使用如高速公路之類的公共財，或是跟政府承租土地，就將之解釋為政治上的同意，未免也太過樂觀了。

洛克和其他十七世紀思想家認為，人生下來就有自然權利，這個主張也很重要，「自然」與「權利」這兩個概念對於自由主義後來的發展至為關鍵。因為人現在被當成獨立的個體來看待，被視為生來就擁有一些屬性——尤其是生命、自由、創造及擁有財產的能力——若是將之剝奪，則會斲傷人性。透過權利來保護這些能力，傳達了一個重要的訊息。這表示在人的各種屬性中，這三項具有優先性，因為它們被認為在社會形成之前就已存在。一旦社會形成，人就會以治理者與受治者之間的契約形式，予以特別的保護。最後，以「自然」一詞來形容權利，表示這並非統治者賞賜的禮物，不是享有特殊待遇的個人之間的不穩固協定，也不是死守傳統、一成不變的做法。自然權利就在那裡，是人的存在絕對不可或缺的成分：人類生來就有權利，一如人生來就有鼻子一

2 洛克主張：政府只有在取得被統治者的同意，並且保障人民擁有生命、自由、和財產的自然權利時，其統治才有正當性。自然狀態下的人會自願地形成一個國家，由政府保護人們的權利。自然狀態下每個人都是自由、平等的，當有人違反侵犯到他人，就需要共同的裁判者，人們將自身權利中的執行權和懲罰權以同意或默認的方式交出，訂立契約結成共同體。政府只是人民所委託的代理人，當代理人濫用權力、背叛人民，人們有權推翻該政權。

樣。自然權利的理論最後做了一些調整——美國獨立宣言把「有權擁有財產」改成「追求快樂」——不過，一直到十九世紀，「擁有財產的權利」都還是自由主義論述的定錨點，也是對個人生活的干預有所限制的強力聲明。到了十九世紀末，雖然對權利的探討仍是自由主義的重要話題，但是大部分的自由主義者已經不再認為權利是獨立於社會起源和社會認可之外。如果有人繼續使用「自然」一詞的話，那主要是哲學家，把它當成「不言自明」或「直觀」的同義詞——具有消除爭議的修辭能力，一如先前的「自然」那般。

從另一個角度來想一想，馬基維利（一四六九—一五二七）向義大利王侯進言，追求政治的成功須心狠手辣，講究效率。這些建議被視為跟教會所倡導的道德宗旨唱反調。馬基維利本身並不是自由主義者，但是自由主義政治哲學家以撒．柏林卻認為，馬基維利主張政治的行為準則可以異於宗教的行為準則，因而鼓吹了一個不同的價值體系可並存的世界（參見第六章）。柏林認為，這在通往自由主義擁抱的價值多元論的眾多途徑中鋪設了一條道路，亦即，自由主義採納並鼓吹去挑戰那些認為只有自己掌握到真理的信念體系。但是，我們現在把馬基維利看成羅馬共和主義[3]的傳播者與發展者。共和主義提供了政治力量的基礎。從它對群體自由與公民權所持的觀念，可以看到跟後來自由主義對民眾管好自己以及終止專制統治的看法是頗為相近的。

社會、經濟與文化轉型

另一種轉型刺激了自由主義的興起，這就是歐洲社會的城市化。由於商業利益的滋養及資產受到保障，中產階級日漸穩固，更強化了保護商品生產和貿易的需求。將市場從任意控制和官僚束縛中解放出來，這也被納入基本權利之中。這些權利最先是從統治菁英身上強取而來，但是越來越成為國家的期望。

3 共和主義（Republicanism）是西方古老的政治傳統，指通過創建共和國來治理的社會，有別於君王制，有某種具實際效力的法律限制政府權力，並保護人民的基本權利。馬基維利認為，共和國的自由體現在其自治——對內擺脫暴君統治，對外擺脫外來壓迫；國家的自由才能保障公民的個人自由。

國家不只是扮演對內維持秩序、對外防範侵略、並為達到這些目的而徵稅的傳統角色，國家搖身一變，成了權利的保證人，這些權利也包括貿易的自由和對財產的尊重。這兩項最後成了自由主義思想與實踐的內涵。「維持局面」、「公正仲裁」或是「公平的競爭環境」這些語詞重新界定了國家在經濟上的新角色。這麼一來，經濟活動並非由國家所指導，而是由國家所授權。受到產業領袖和其他個別的創業人士所啟發，銀行、公司和工廠等自發組織在公民社會中——這是自發經濟活動和社會互動的競技場——紛紛出現，驅動了經濟活動與商業。國家只要確保有空間讓他們發揮即可。

至於財產的問題則爭論不休：究竟保護並重視財產是自由主義的特徵，抑或保護私有財產的制度是發展自由與個體性等自由主義特徵的前提？如果是前者，對私有財產的辯護將承認，透過個人的勞動和創造性對自身和整個社會的福祉做出貢獻。那麼它就會認識到正當保全、激勵、獎勵，尤其是私人生活（以物質資產的形式來表現）獨立性的重要。這些都隱含了一個有秩序、受規則約束的公共領域。但它也會撒下競爭的種子：某些自由主義者認為這是美德，有些人——若是發現競爭過度的話——則認為是惡。它也承認了分工的重要性，對許多自由主義者來說，這是一種基於才能與勤奮程度有別而出現的不平等。雖然自由主義的批評者指控，分工激起可觀而不正義的不平等，但是站在左派自由主義這邊的法國社會學家涂爾幹（一八五八—一九一七）卻認為它促進了有益的社會依存，從而展現了自由主義意識形態的可塑性。

然而，如果私有財產被視為獲致其他自由主義特質（比方說自我發展）的手段，這或許可以解釋：財產的概念在自由主義思想與實踐中的命運為何起伏不定——亦即它與自由主義核心（第四章將會討論）的遠近距離。這種差異也可能是找出了以其他方式來推動自由主義價值（但是效果類似）的結果。舉例來說，如果要把收入重新分配給更需要的人，而不是讓財產無條件地積累，說不定個體性的概念會更加公平。

人類的好奇心讓大學勃興，對知識更加渴望，這是自由主義的種子散播各地的另一個原因，讓文化與文明的體質更利於自由主義生根。追尋經驗的新疆界，同時，對知識採取批判而非乖乖接受的態度；敏於察覺人類不同的表現方式，敏於反思自身在學習或論辯的事物，這些都與自由主義的價值交纏在一起。在十八、十九世紀的德國有所謂的「陶冶」（Bildung），這股追求文化與教育的運動就含括了一些訴求在其中。德國哲學家約翰・赫德[4]相信，自由是透過教育而獲得的，承認文化的多元則促進了個人發展。另一位德國哲學家威廉・馮・洪堡[5]主張人要不斷成長。英國哲學家彌爾推崇洪堡，在介紹他的名作《論自由》時還引述了洪堡最重要的原則：「人的發展最關鍵的重要性就在於其豐富的多樣性。」

這些原則都是啟蒙運動所支持，這個思想運動主要出現在十七、十八世紀，鼓吹經驗證據是理性知識的基礎，把人放在社會脈絡下進行科學研究，也關注人的藝術表達。此一以人為中心的「人的科學」也允許研究人類行為中的道德和文化成分。它鼓勵對人的處境進行實驗、批判的評估，不受教條所束縛，讓哲學和社會思想擺脫傳統的限制。有些啟蒙思想家對政治思想的影響尤其直接，在法國有孟德斯鳩（一六八九—一七五五），在德國有康德（一七二四—一八〇四），在蘇格蘭有休謨（一七一一—一七六）和亞當・斯密（一七二三—九〇）。他們多半都頌揚自由平等的理想，且心懷好奇，胸襟開放，不訴諸宗教威權。他們的思想提供了動力，以合乎理性、有計畫的方式建構社會政治制度，並促進寬容。這都伴隨著日益高漲的要求，希望人民的聲音被聽到。這個聲音最先只限於一些富裕、受過教育和善於表達的社會階層，尤其是透過免費、往往直言不諱的媒體和小冊子。但是，在自由主義原則鞏固的過程中，廣泛參與政治的想法成了另一塊基石。

當自由主義遇見民主

十九世紀中葉以後，群眾政治出現，自由主義具體表現在政治上的條件已

4 約翰·赫德（Johann Gottfried Herder, 1744-1803）德國詩人、哲學家，狂飆運動的代表人物，反對體系化的哲學，領導文學運動、歷史、文化、哲學上的創新，成為浪漫主義運動的先驅。

5 威廉·馮·洪堡（Wilhelm von Humboldt, 1767-1835），德國語言學者、外交官和教育改革者。青年時代受到啟蒙運動和法國革命的影響，他認為國家本身不是目的，國家的基本任務是保障人的自由。改革義務教育制度，後來創辦了柏林洪堡大學和柏林大學。

經俱足。可以想見，自由主義者具備了這些信念，是受到十九世紀初出現的各種理論所吸引、並從中獲得力量；這些理論從啟蒙運動中點滴累積，相信理性可為人類帶來進步。但是它們的命運也與一個大的自由黨出現在英國政治舞台糾纏在一起。貴族出身的地主參與政治，是為輝格黨，他們與國會(而非君王)結盟，開始被視為改革的力量。他們支持溫和的政治改革，慢慢讓中產階級的製造商和創業家進入政治的場域。創業家爭取貿易與產業鬆綁，手腕與身段都比土地貴族柔軟靈活。這些商業和城市力量所支持的想法開始落實。著名的激進改革派如理查·柯布登、約翰·布萊特開始嶄露頭角，宣揚自由貿易和國際主義的福音[6]。自由黨結合了這些團體，並成為國家的政黨。

英國自由主義對政治的一個主要影響是透過兩個重要的改革法案[7]，分別在一八三二年和一八六七年通過，促使投票權更加普及。這兩個法案都增加了有投票權的男性戶主，朝向民主邁開審慎的步伐。不過，女性還要等到二十世紀初才會爭取選舉權，透過運動來爭取政治上的自由與平等。女性在一次世界大戰期間做出巨大貢獻之後，選舉權才獲得承認。改革法案也逐漸讓那些因為

宗教的理由而被禁止投票的人擁有投票權，而一八八四—五年的第三次改革法

6 理查・柯布登（Richard Cobden, 1804-1865），英國政治家，以爭取廢除穀物法並為自由貿易辯護聞名。因開設印花布工廠致富，旅遊國外，撰寫小冊子推廣人員與貨物自由流動對國際經濟擴張的必要，終其一生推動類似的自由貿易論點。曾任職於約克郡西部的議會。約翰・布萊特（John Bright, 1811-1889），英國改革政治家、演說家，積極參與自由貿易和議會改革運動。貴格會信仰塑造了他的政治態度，要求結束個人之間和民族之間在社會、政治或宗教的不平等。一八四三年進入議會，曾兩度入閣。布萊特與柯布登在反穀物運動的合作——前者譴責地主的特權政治，後者提供有說服力的論據，兩人也被公認為曼徹斯特學派的領袖，該學派擁護自由貿易和不受政府干預的經濟體系。（曼徹斯特是自由貿易重鎮，故其學說被稱為「曼徹斯特學派」。）

7 工業革命後新興城市興起，中產階級和勞工階級的力量也逐漸壯大，催生了一八三二年改革法案：取消衰廢市鎮的代表權，改配給新興工業城市；放寬選民財產資格的限制，在市鎮中年繳租金十英鎊的戶長享有投票權。這次改革大幅提昇中產階級的選舉權利，他們在議會中與土地貴族、金融貴族共同統治英國。一八六七年的改革法案更擴大下議院選民基礎：市鎮中年付十鎊以上租金的租戶，所有擁有自資物業者，郡鄉中年付十二鎊地租的所有農戶和土地年產值五鎊以上的土地擁有者皆享投票權。選民總數增幅達一倍，雖未至成年男性普選，但的確令工業革命後勢力日益抬頭的工人大體上取得選舉權。

案重新劃分選區，反映人口統計的變化，使其更公平、更平等。另一個政治的衝擊就是通過法案，降低對經濟活動的控制，導致自由黨與自由主義跟自由貿易和放任的牽連更深，政府監管干預的程度雖然降低，但仍舊存在；真正的自由放任總是如海市蜃樓，無法落實。

第三個在政治上的影響是從一八八〇年代起，向選民引介特定的政治計畫，而不只是在競選時一次只打一個議題，或是兩位候選人之間的個人競爭。政黨本來只是為了贏得選舉、把人送進政府的機器，但是自由黨將之轉變為傳播意識形態的管道，其角色也是在進行理念之爭，因而有助於政治的現代化。自由黨在十九世紀中葉到一次世界大戰之間的漫長期間組成政府，這對於自由主義作為政治理論產生極大的助益。

今天一般認為自由主義和民主密不可分，但是兩者之間的關係到了十九世紀中葉才開始鞏固起來。在那之前，自由主義者認為民主有兩個危險的特徵，讓他們心生提防。第一，民主可能會演變為多數暴政，結果只是換湯不換藥，以新的專制統治取代由國王和貴族等少數人把持的專制統治。第二，有鑑於一般民眾的教育程度低劣，可能還無法改善庸才治國的問題。這是自由主義者熱衷於推動義務教育的原因之一：民主要擺脫蒙昧，就要有能力做出良好周全的選擇。我們在第一章提到，「自由民主」一詞開始流傳，並認為民主不只是贏得選舉、採行多數決統治而已，更是關乎在選舉之間如何治理，這是很後來的事了。回過頭來，自由主義者學著接受他們對自由的追求、對個人的發現，必須在一個有包容力的政治體系框架之中運作，即使有狹隘偏執的聲音，這個體系也得包容。

思想的交匯

然而，自由主義的思想潮流百花齊放，遠非政治上的黨派所能代表，再次凸顯了政黨很少擔負起意識形態先鋒的角色。有活力、有想像力的政治思想如雨後春筍，知識潮流勢不可擋，而自由主義在交匯處左右逢源，成長茁壯。這是人本主義者努力的成果，是人類精神的解放，這股力量造就了非凡的社會及政治轉型。人性基本上是理性的、樂於合作、致力於切實的溝通，能表現個人的進取，也能尊重他人，這些原則成為自由主義意識形態不可或缺的一部分。瑞士—法國的自由主義政治人物兼作家班傑明·康斯坦（見第五章）認為，「現代人的自由」是透過意見自由、表達自由和宗教自由的增進而達致的個體性勝利，但他也歡迎個人參與社會。如此就出現了規畫、培養社會建制的動力，這樣的社會建制能反映並激勵理性合作。最初是亞當·斯密「看不見的手」這類的理論做了必要的工作。根據此一理論，當個人追求自身利益時，同時也為整個社會的利益做出了貢獻。「私人得利，公共獲益」這句話說明了公民社會的運作本來就是和諧的，足以維持社會穩定繁榮。

接下來就變得不那麼清楚了，這種和諧是渾然天成還是需要人的設計？這是哲學激進主義者面臨的問題，這些人對自由主義的發展也有很大的影響。他們的主要擁護者是效益主義者邊沁（一七四八—一八三二），他受到科學的進展所啟發。他宣稱發現了一個科學原理，個體的心理受一個欲望所驅動，他要把自身的愉悅或效益予以極大化，並將痛苦予以極小化。但若此為真，那麼「看不見的手」這條法則已經起了作用，而且也的確可以確保邊沁所說的「最大多數人的最大幸福」。但是，實情顯露的並非如此。必須塑造外部條件，才能加速這個過程。其結果是哲學激進派認為，社會哲學家和改革者應該要從根本上重塑憲法、法規，甚至監獄，以謀社會成員之最佳福利。邊沁的極端個人主義只承認單獨的個體，他不認為社會是一個擁有自身屬性和目標的單位。因此，達到目標的關鍵在於調整個人的行為，避開了自由主義者後來提出的更細緻的道德藍圖。

效益主義對自由主義的貢獻有三方面。第一，它強調了社會中的動態活動必定是從個人出發。其次，它主張對於眼前的種種社會安排必須進行有計畫的理性改革，並認為人的幸福和福祉是此種改革的最終目的。不過，第三，效益主義者並沒有尋求國家的積極干預，特別是在經濟活動方面。社會在努力爭取權利的過程中若有干預，那只是為了盡量減少未來的干預。

但其他的觀點也不時出現。德國哲學家黑格爾（一七七〇—一八三一）認為，只把社會的福祉建立在自私的驅力之上，就算這是市場運作必然的要件，也無法達到一國家必須爭取的目標。即使市場競爭所培養出的極端個人主義造就了物質繁榮，也無法提供目標感與團結感。只有理性國家才能提供那種休戚與共的感覺，因為國家的角色是要向社會灌輸利他主義的精神，藉此調和自私自利的個人之間的緊張。那需要得到一個嚴格的法治國家來支持。黑格爾相信，只有如此，社會才能真正自由。英國自由主義哲學家格林（見第五章）擴展了共善的倫理學，亦即自由主義者應該在社會關係和國家之中找到公共福祉的倫理。

自由主義的另一個面向可以在某些十九世紀民族主義者的信念中看到。民族主義常有反自由主義的傾向，經常以厲聲疾呼來表達，似乎重視國家的目標遠勝於看重個別成員的目標。它的極端表現形式，展現為侵犯其他國家和種族，醉心於「光榮過往」的神話，以及發展出領導階層崇拜。但是也有些形式的民族主義比較溫和、有人性，受自由主義信念所啟發，被自由主義的理想所激勵。自由是其中最重要的理念，如今已經嫁接到日益流行的民族自決或自治的學說中。自由被視為不僅對個人是好事，也有利於渴望受到肯定、有能力決定自身命運的民族和族群。由於許多這類族群受到外國或殖民統治，爭自由也就是爭解放，不受他人統治，潛在的含意是建立共和或是反帝國主義。因此，自決被抬舉為各個國家所享有普遍而平等的權利。從自由主義的角度來看，民族認同的培養是尊重個人的一部分，對他們來說，這種認同很重要。馬志尼（一八〇五—七二）是自由民族主義的代表人物之一，他是十九世紀義大利統一的擘畫者之一。馬志尼主張個人有權追求幸福，但國家是這些權利最終的保護者。在他心中，國家是一群自由平等的人，因為對祖國的熱愛而聚在一起。

社會自由主義的興起

自由主義在相當大的程度上接受這個事實：團體和社群是形成社會的單位。在自由主義之中，強調個體或強調族群的路線之間還是有矛盾，在十九世紀和二十世紀沒有解決，此後也沒有解決。實情確是如此，然而，對社會性的熱情在幾個世紀之前的自由主義原型中已見端倪，如今則開始發光發熱。讓人耳目一新的不是自由民族主義，而是自由社群主義。自由主義思潮方向進一步改變，是許多因素所促成的。

首先，脫穎而出的不是邊沁那幫哲學激進主義者，而是社會功效的新觀念。有些自由主義者問道，如果個人可以把自己的福祉極大化，為什麼社會不能適用？一些英國自由主義者也受到歐陸哲學家的啟發，認為只要不侵犯個人權利，社會也有權追求福祉。實情也是如此，有一些社會活動的領域，像是對未來的長期投資計畫或是對邊緣群體的保護，這是超出個人的能力範圍所及。

其次，各種社會演化的新理論也日益普及。達爾文的影響力遠遠超出自然科學的範圍。有些社會演化理論惡名昭彰，擺明了認為「適者生存」的原則也適用於人類身上，而競爭與淘汰勢不可免——丁尼生說自然是「腥牙血爪」(red in tooth and claw)[8]，令人難忘。但是另一種演化論沒那麼戲劇化，但是長遠來看更有影響力，它認為人類變得越來越理性且合群。這派人士認為，與過往的生命形式不同，這個過程賦予他們改變演化路徑的能力，並與他人一起規畫自己的未來。左翼自由主義者深受這套理論傳遞的訊息吸引，他們對於人類的理性，以及為了眾人做出有價值選擇的看法不謀而合。它認為人的進步與改善本來就是社會生活所固有，也把人的合作常態化，認為這是生物的本能。歷代自由主義者都在尋找科學證據來支持這些想法，如今似乎也都得到了支持。

第三點與合作演化的學說相關，像是雷納德・霍布豪斯和約翰・霍布森這些思想家（這兩位是所謂「新型自由主義」的主要人物）[9]把社會實體比擬為活生生的有機體。這樣的類比是為了強調社會組成分子之間的相互依賴，緊密依存，若沒有他人支持是無法獨自存活的。既然如此，為什麼自由主義的論點還如此看重精力充沛和自信的個人？畢竟，社會有機論常常暗示整體比個別部分更重要，狹隘地認定個體的犧牲對社會是有益的。但是霍布森巧妙反轉了這種意涵。一個生物只有在身體各組成部分都健康的時候，整體才會健康。因此，促進個人的蓬勃發展，乃是個體和社會雙方的共同利益。這種形式的自由主義

8 丁尼生（Alfred Tennyson, 1809-1892），英國桂冠詩人。此句出自其《悼念集》第五十六首。

9 第五章將介紹他們兩位的思想。

有機論讓我們看到了在自由主義中結合個人與社會傾向的驚人案例，在第三章我們將看到，在二十世紀，它會對這種意識形態在政治與制度上產生重大的後果。

第四，自由主義的改革者越來越關注工業革命帶給社會的後遺症。他們開始了解到，賦予政治權利——像是投票權、自由權或是不受傷害的權利，還不足以捍衛國家的福祉。一步一步讓工人階級擁有政治權利並讓他們有機會發聲，觸動了中產階級社會改革者的心。隨著越來越多的人移居城市，就越不能忽視那些無依無靠之人貧困難堪的生活條件。糟糕的居住條件、經常找不到工作、病痛、缺乏教育，讓許多人無法享受他們新近獲得的權利，以致於這些權利有名而無實。自由主義者如今認為，政治權利必須得到社會權利來補足，個人的社會成員和公民身分才算完整。引人注目的是，他們認為這是自由理念的延伸——自由不僅是免於暴政和他人的傷害，也要不受可避免的剝奪所弱化。

自由主義在美國：兩個例子

在美國，二十世紀初的進步主義發展出屬於自己的改革主義路線，不過這跟英國的左翼自由主義顯然有重疊。其支持者展現出充沛的精力，聚焦於消除市政腐敗以及深化民主、效率和政府的問責制。他們也支持裂解托拉斯以增進個人機會的均等，降低資本的集中，移除競爭市場成長的阻礙。另一方面，圍繞著《新共和》而興起的運動則在探討自由和社群之間的關聯，這個主題在美國自由主義的討論中十分罕見。《新共和》是頗具影響力的週刊[10]，是諸如克羅

10 美國二十世紀初《新共和》（*The New Republic*）雜誌由克羅利（Herbert David Croly, 1869-1930）、韋爾（Walter Edward Weyl, 1873-1919）和李普曼（Walter Lippmann, 1889-1974）三人創立，一九一四年十一月首刊出版。自創立以來，《新共和》一直是美國最具影響力的雜誌之一，反映了進步運動與追求政府和社會的改革。早期，該雜誌支持成立工會、八小時工作日和婦女選舉權；該雜誌的受歡迎程度在一九二〇年代一度下降，當時其自由主義觀點已經失寵，但一九三〇年代又恢復活力；二十世紀末，《新共和》具有更廣泛的社論意見和評論，反映了許多政治觀點，儘管讀者相對較少，但仍具有相當影響力。

利、韋爾和李普曼等進步自由主義者的發聲管道。克羅利訴諸美國的「人民」整體這個概念，發展了一種國家利益的有機觀點，近於英國的新型自由主義者。第五章將會討論哲學家杜威，他把一些概念更往前推。不過，在克羅利的想法中，國家的概念扮演更重要的角色。他寫道：「各方有志一同，嘗試實現若干共同的政治和社會目的，美國的民族性已然藉此建立……，對社會公義的渴望或改善……徹頭徹尾是國族的。」

路易斯．哈茨[11]的《美國的自由主義傳統》是引發爭議的經典之作，他認為美國的生活方式基本上是自由主義的，來自英國的洛克和其他的歐洲源頭。由於沒有封建傳統，美國的自由主義得以散播，不受階級對立所挑戰。正如哈茨所見，「美國創造了兩個不尋常的效應。它有效阻止了社會主義去挑戰自由主義的改革，但是它同時也讓自由主義的改革為……美國的資本主義夢想服務。」他對「福利國家自由主義者」沒什麼同情，認為克羅利只是一個內心憤怨的民主資本主義支持者。像美國這樣的大社會所擁有的多元意識形態信念的複雜程度，以哈茨的途徑是無法掌握的。此書出版不到十年，種族意識便透過一九六〇年代的民權運動，在美國的自由主義舞台上爆發出來，戳破了十九世紀和二十世紀初自由主義者所相信的同質性。

踩煞車

在自由主義的思想和實踐中，當然也有逆著潮流的變化。這些擁護者都認為自己才是真正的自由主義者，不管他們是倡議自由市場，或是自由放任主義者。對奧地利經濟學家路德維希・馮・米塞斯[12]來說，自由主義是一種建立在

11 路易斯・哈茨（Louis Hartz, 1919-1986）：美國政治學家，任教於哈佛大學，是具影響力的自由派支持者。其名著《美國的自由主義傳統》出版於一九五五年，翌年獲美國政治學學會授獎；一九七七年再獲頒 Lippincott Prize，該獎旨在表彰具有持久重要性的學術作品。這本書仍然是當今美國大學政治學課程中的關鍵文本。

12 路德維希・馮・米塞斯（Ludwig von Mises,1881-1973），奧地利裔美國自由主義經濟學家，以古典自由主義者自居，其對經濟理論自由主義的思想直接影響海耶克等人，他對消費者力量的信念也發展為自由市場中「消費者主權」的理論。

私有財產之上的資本主義理論。他反對涉及實質均等化的措施，並認為政府為了增進福利而做的干預——像是制定最低工資——都是專制威權的表現，與自由主義的精神背道而馳：

在英格蘭，「自由主義」一詞多半是用來指涉一套與社會主義者的極權主義大同小異的規畫。在今天的美國，「自由主義」指的是一套概念與政治假說，在各方面都與前幾代人認為的自由主義全然不同。以自由主義自居的美國人以全能政府為目標，堅定反對自由貿易，倡議政府當局——也就是社會主義——進行全面規畫。

經濟學家海耶克（第五章將會做更多的論述）認為，彌爾處於從自由主義到溫和的社會主義的轉折點上。海耶克認為福利國家自由主義只有自由主義之名，而無自由主義之實。許多這類老派自由主義者把國家對市場的干預視為眼中釘，因為他們認為這破壞了自由主義不受約束、勃然自發和自我激勵的基本原則。反觀德國二十世紀中葉的秩序自由主義[13]則認為，強大的國家應該藉著積極建立市場秩序，限制同業聯盟來確保經濟的競爭條件。這些想法促成了德國戰後出現社會主義市場經濟，但是並未廣泛關注自由主義的其他特徵。

在不同的面向上，自由放任主義者[14]再次為激進的自由添加柴火。自由放任主義者堅持了超過一個世紀，認為只有最純粹的自由才是自由主義傳統應該傳諸後世之處，不僅經濟生活受其指導，社會和政治生活也可一體適用。如今這一派已經與自由主義的主流分道揚鑣，成了少數。雖然自由放任主義也有很多變異版本，但我們有理由採用「自由放任主義」一詞，以之與自由主義做出區分。個人主義假設了個人的理性能力居於優位，捍衛行動自由、自願合作和

13 秩序自由主義（ordoliberal），為莫勒（Hero Moeller）於一九五〇年所創的詞彙，是經濟自由主義的德國變體，強調政府的必要性，而不是以福利國家為目標，以確保自由市場產生接近其理論潛力的結果，但並不主張建立福利國家。

14 這裡將libertarian翻譯為「自由放任主義者」，與一般意義指稱的自由主義者（liberal）有很大的歧異。

私有財產；對個人主義的強調促成了像是英國哲學家赫伯特・史賓塞[15]等自由主義者加入哀悼的行列，反省自由主義是否放棄了原則：

為何自由主義的權力越來越大，立的法卻變得越來越高壓？為何自由主義……支配公民的行為越來越多，而公民自由行動的範圍越來越小呢？思想混亂的狀況為何越來越嚴重，為了追求看似公益的事物，卻把以前達致公益的方法顛倒過來，這點我們又要如何解釋呢？

我們在本章中看到了不同思想運動的匯聚，出現了一系列的想法，鞏固了自由主義。至此，人已經穩居社會宇宙的中心，而非自然、上帝、層級分明的世襲統治，亦非歷史的重量。以批判質疑的方式來獲致知識和學問，這與人的好奇心和科學方法相接，為想要掌控自身命運的人所用。改革的發展不預設結果，這個觀念在一個技術、人口、社會，政治變化越來越迅速的環境中生根。對人類精神和潛能的豐富有越來越多的體悟，就強調了欣賞他人的重要性，也更加優先降低人與人的不平等。這意味著不僅要培養個人的慷慨，更要發揚公眾的慷慨。在這些想法之上，是熱情追求個人、市場或社群等各種形式的自由。對自由主義者來說，自由是發動機，使健全社會成為可能，並能把人類的想像力和經驗推到極限。

15 赫伯特・史賓塞（Herbert Spencer, 1820-1903）英國哲學家，其政治觀點彙編為《政府的適當權力範圍》（*On The Proper Sphere of Government*），對其他課題也有卓越貢獻，尤其將達爾文的「適者生存」應用到人文社會，啟發社會達爾文主義。他把自然的演化視為引導個人與社會發展的力量，競爭讓強者繁盛、並消滅弱者；社會主義只會保護弱者，這是干預自然發展的演化過程。

第三章　自由主義的層次

歷史的斷裂與重疊

自由主義者和研究者常認為，自由主義的各種概念是一個整體，隨著時序推移平順發展。這種觀點反映了他們對線性發展深信不疑，認為人類會朝著更高、更文明的目標前進。但是自由主義走的不是這條路。自由主義與各種銳意進步的理論結合，為許多自由主義者所珍視，但是自由主義自身的歷史並沒有催生出這種與時俱進的形象。自由主義經歷了多次改變，造成重要原則的匯聚與分立。這是自由主義的概念源於不同的時代、有不同的來源，各有不同目標的結果。

因此，把自由主義看成一套層次複雜、彼此連動且不斷交相重整的意識形態，會比較有助於理解。重要的是，這些層次並非按時序整齊相接，而是在不斷變動的組合中累積、拋棄、回收的複合物。一如在此所看到的，所謂的自由主義傳統至少混了五個不同的歷史層，就算連綴起來，也是雜沓凌亂的。這五層為什麼不能統整起來，其中一個原因是它們往往各自朝向不同的方向發展，無法調和。有些的確是前後接續，但有些則是平行發展，有些消失了一陣後又重獲生機。較新的自由主義層次往往晦暗不明，隱藏並擴充它所含括傳遞的意義。

重概念的歷史學家喜歡用前輩史學家萊因哈特．柯塞雷克[1]創造的「非同時的同時性」。將之用於自由主義，意味著我們當下的理解，總是包括以新的方式來看待過往對那種意識形態的理解，彷彿這些理解只存在於當下。因此，如果自由主義曾經把重點放在不干涉個人生活，今天的自由主義者可能會認為，一味應用這個由來已久的做法是不夠的，有時也不受歡迎。它雖然還是出現在許多版本的自由主義中，在主張不干預的同時，也可能接受某個程度的干預，以減輕人的苦難。這一層層的理解併在一起，形成一張琳瑯滿目的自由主義掛毯，這就是我們現在所經歷並思考的對象。

由於沒有任何一層可以單獨捕捉到自由主義的複雜性，要理解自由主義就要承認不同層次之間的相互作用。在這些交會的過程中，我們可能會發現某個重要層次（比方說維護經濟市場）變厚、變得更明顯，而另一層（比方說確保社會權利）就沒那麼明顯。但在另一個情況中，相互關係可能會顛倒過來——之前的重要主題縮小，而次要主題變得突出。的確，任何一個版本的自由主義如果認為自由主義傳統中的其他層次跟自己不相容，都可能予以刻意排除或貶低：自由主義者跟其他人一樣，都可能篡改故事！

---

1 萊因哈特．柯塞雷克（Reinhart Koselleck, 1923-2006），德國歷史學家。二戰期間被俘，戰爭的經歷影響了他後來的學術方向，特別是對「危機」和「衝突」的興趣，以及對道德或理性普遍主義和歷史進步之意識形態觀念的懷疑態度。他的主要貢獻之一是對歷史中時間和時間性的反思，這裡所說的「非同時的同時性」，即許多不同時間的事件被聚合、濃縮和抽象為「歷史」。

各層之間不斷相互作用，讓人更能理解在今天做個自由主義者是何意義，也提供了若干工具以勾勒自由主義一詞的錯綜複雜。若要充分展現自由主義的複雜性，就意味著要在各個階段、趨勢、裂隙和次要的環節中，重建一個相當混亂的相互關係。一個理想化的自由主義會含括過去數百年來所表現的五個特徵。不過這在邏輯上和實質上都是不可能的，因為某些自由主義的特徵是互不相容的，以至於沒有一個實際的版本能盡現自由主義的五個層次。因此，自由主義意識形態所寓居的思想資源包羅萬象，一般所知的自由主義充其量只是「退而求其次」，得其梗概而已。

那麼，這些層次之間如何進行互動？我們不妨想像五張紙疊在一起，每一張紙都分到不同的自由主義訊息。每張紙上都打了一些洞，有些鏤空，有些則覆蓋了蠟紙，是半透光的。這表示你可以清楚讀到底下紙張的某些部分，但是有些地方就模模糊糊。當然，沒有打孔的地方就根本看不到。此外，自由主義者喜歡重新排列這幾張紙的順序，只有最底下的那一張不動。那個最底下的紙稱頌自由與權利的重要性，這個訊息穿透了每一張紙，從最上面都可以看到。

但是寫在其他紙上的字能否看到，就看疊在上面的紙挖出的洞在什麼位置了。而且，這幾張的順序因時因地而更動，透過洞所看的東西也不斷改變。如此一來，跟競爭有關的訊息在某種排列方式可以看到，但是換了一種排列就看不到。自由主義者有時還會抽掉一張或多張紙，留下比較單薄的自由主義傳統。

第一層

自由主義第一層是那張放在最底下的紙，這是最早、也是最持久的。第一層在民主之前就已存在，早於「自由主義」一詞流行於政治與意識形態之前。就如第二章所述，這種自由主義的種子在「反暴政」的運動中萌芽，步調不一，但人民很有感。它發展出一個原則，約束統治者不得按自己的好惡行事，讓他們遠離被統治者。第一層的自由主義既是宣洩，也是約束，騰出了個人四周的空間，讓他們擁有表達自己的自由，被視為政治體的一部分，行動時沒有畏懼，也無須討好。但這也是一種受限的自由，因為只要承認這種自由的人，也就承認了其他人也有這種自由。而且，因為個人的自由可能會牴觸別人的自由，所以自由不能沒有限制。洛克在《政府論下篇》中，將「自由」與「放任」做了明顯的區分，自由不是「每個人做他想做的事」，而是「在法律允許的範圍之內，依自己所想來處置和安頓其人身、行為、財產及其所有；因而跟從自身意志，不受他人意志所支配。」基本上，第一層自由主義對應到憲法，與建立在依法治理的「法治國」有關。舉例來說，這在芬蘭一直是自由主義的核心；而在許多其他的社會，它只是讓自由主義觀念做進一步發展的基礎而已。

在第一層中，有些權利被視為自然的，和人與生俱來的屬性密不可分。不過，這些屬性很脆弱，經常受到威脅，因此，保障此等權利成了創建政府的要務。自由主義打從開始就跟權利相提並論，政治領域也與行使權利、從而維護基本自由彼此相連，這對個人和政府來說都是一種限制，而社會契約的概念在其中很顯眼。此一限制是以具象與法律的約束表現出來。要在未得同意的情形下逕行干涉此人的空間，必須要有特殊且優先的理由，如犯罪或戰爭。這些原則值得特別指出，因為有些後來出現的層次會蓋掉這一層的若干訊息。

第二層

如果第一層強調自由主義的角色是表達個人偏好的工具，使其不受其他人的干預，那麼自由主義的第二層則改變了這個最初的角色。它不把注意力放在控制人與人之間、個人與政府之間的關係，擁有自由意味著能積極與他人互動，以在物質和精神上的自我提升為主要目的。此一轉變把市場奉為實踐自由主義的主要舞台。「我們一起探索新領域」取代了「別踏我的草坪」。市場讓人的能力可以交換，表現出一種開放邊界的冒險感。一個自由貿易的世界吸引各方豪傑，個體被重新定義，他們擁有自然權利，但不是人人平等——第一張紙有一部分被蓋住了——而是強弱不均的能力單位，各有不同的才能與驅動力，採取行動以改變他們的社會和經濟環境。十九世紀後半葉的東歐國家還要追求現代化，以趕上更發達的社會。

經濟交往和移動的自由幾乎不可能被列為自然權利，因為商業顯然不存在於社會出現之前。洛克有關財產的自然權利說對此發揮了作用。洛克的觀點是非常有力的陳述。他把財產視為與生俱來的權利，而非社會或法律合意的結果，於是激發了一種信念，加拿大政治理論家麥克弗森[2]稱之為「占有式個人主義」——個人無限制斂聚財貨。在十九世紀，財產權及其積累得到強化與重新制定——其程度遠遠超出洛克的設想——這是社會繁榮、國家富強的必要條件。於是，有一派自由主義凸顯人、財產和財富之間的關聯。

第二層自由主義認為，創業家、製造商和金融家的經濟與商業活動不受限制，將引導新近工業化的工人階級從事的勞動。生產與消費增加會刺激財富、散播知識，也認可了自立自強的人。用約翰·布萊特的話來說，個人主義、認真工作和創造力結合起來，「促進了一個國家的舒適、幸福與滿足。」這能否描述實際的商貿做法並無關宏旨，因為純粹的經濟交易和擴張與自由主義的學說日漸結合，也促發了所謂的自由帝國主義。這個版本的自由主義將殖民海外市場與「文明化」的使命感巧妙混在一起，目的是把他們致富、理性和個人主義的價值傳遍全球。他們也重振自由主義對契約的看法——之前是用來支撐整個政治社會的形成——透過契約來規範市場交易並維繫交易的安全。

說國家保證了個人進取心和社會經濟交往（不然就只限於維護社會秩序和防衛），這是開了「自由主義是中立的」迷思的先河：只要個人無損於他人，自由國家及其政府應避免對個人選擇和生活方式發表意見，下指導棋就更別說了。我們在第六章還會回到中立性的問題。我們在此只應注意，就算中立狀態是可能的，也未必是微弱無力的。第二層的自由狀態應該要能透過立法來積極保護經濟利益。在實際的運作中，透過軍隊的力量也的確是這麼做的。

然而，對於許多從事社會運動的人來說，自由貿易背後也有一套倫理與經濟的原則。理查．柯布登說出自由主義者心中的目的，他認為自由貿易的概念「在道德世界的作用應該有如萬有引力原理之於宇宙——把人匯聚起來，種族、

---

2 麥克弗森（Crawford Brough Macpherson, 1911-1987），加拿大政治思想家，他最有影響力的作品是 *The Political Theory of Possessive Individualism: Hobbes to Locke*（1962），對十七世紀英國政治哲學思想的分析。他在其中發現共同的「占有性個人主義」：個人本質上是人格、能力和能力果實的所有者，社會是個體之間的交換系統，而國家僅是保護財產和確保有序交換的工具。他認為這種哲學假設破壞了民主和平等的主旨，隨著資本主義社會的發展，它變得越來越不合時宜。

信條、語言的對立放一邊，以萬世太平把我們團結在一起。」總的來說，第二層自由主義支持個人自由的理念，但是重新思考由國家來守護自由的優先性。第一張紙上自由意志的部分是重新寫上去的，它傾向於限制政府，如今與以粗體字印在第二張紙上的自由貿易的訊息相連起來。政府的任務不再只是保護人民不受任意的壓迫，而是確保經濟關係順利運作無礙。自由主義的第二層制定了一個新版本的人性：好競爭、可能有攻擊性、貪得無厭。這付德性還能帶來「萬世太平」，自欺欺人，莫此為甚。

第三層

第三層自由主義涉及自由主義語意學在概念與意識形態上的突破。這一層對自由貿易雖然並不敵視，卻再次改變了自由主義的優先順序，預示出一條可將美德與貪婪區別的叉路。釋放人的潛能，鼓勵個人發展的概念——彌爾鼓吹此一觀念不遺餘力——可以透過言論與教育的自由，成為一條有益於人類表達和互動的寶貴途徑。雖然彌爾大力倡議保護個人周遭的私人空間，但他也同樣關注個人在這些空間裡與空間外所做的事——這個議題在自由主義的第一層並不明顯。無所事事，更別說自甘墮落，這是不能接受的——但這只能透過譴責，而非強制或立法。自由主義現在開始培養日趨成熟、不斷進步的個體，其意志不是在某個時間點就可看出，而是隨著時間推移，隨著一連串的時間點不斷展開而施行。這是彌爾「個體性的自由發展」真正要義之所在：創造一個社會、政治和文化的環境，自由在其中會獲致新的內容。個人主義可能是一個陳述，關乎人是社會獨立自存的一部分；個體性是要探知人類核心的動態過程。第一層在本質上是靜止的，如今疊加了時間的發展與流動。在此，時間性指的不是自由主義在歷史的時間所展現的明顯變化，而是把時間這個概念引入自由主義思想之中。

我們可以換個說法。第一層自由主義側重於畫出一塊安全的個人空間。它主要是一種「讓我做我想做的事」的自由主義，法文的說法更為人所熟知：「自由放任」（laissez-faire）——這也反映在第二層自由主義之中。第三層自由主義展望未來，把重點放在如何擴大人的能力：這是一種「讓我成長」的自由主義。以時間為導向、沒有預設結論的自由主義把人的成長看做一個漸進的過程，補足了人類的自主和獨立，這種自由主義的興起標誌了其歷史進入一個新階段。第三張紙遮蓋了第二張紙上頭過於強調個體競爭的區域。取而代之的是，它把自由主義的關切從商業交換關係轉投注在人表達自我的能力之上。個體的多樣性和特殊習性是社會進步的主要動力。但是，最底下那張紙固守基本的安排，以確保個人活動可獨立進行且（廣義來說）不受干擾的區域仍然看得到。

然而，在此有必要再次強調，這些層次之間並沒有分明的時間順序。比方說，約翰．彌爾頓在《論出版自由》中反對出版審查，這是對抗新聞審查所精心設計的論述，表達了自由主義的思想：「在各種自由之中，最重要的是給我了解、表達、根據良知來辯論的自由。」這不是在畫定範圍中活動的自由，也不是遵循一己意志的自由，而是讓人類精神的活力有揮灑的自由。沒有限制是第三層早期出現的例子，要求的不只是具體的空間，更是人類發展的精神和智力範圍。

第四層

第四層自由主義繼續在自由主義的意識形態家族中進行不尋常的革命，其主要特點在於重新思考人與人之間的空間關係。第一層的個人主義——包括彌爾堅決捍衛的「私人領域不可侵犯」——明顯受到限制，呈現半透明的狀態。社會空間不再被視為用來分隔個人、建立保護屏障之處，而是讓個人在此交融，而且不只是在市場關係的物質面向。這在十九世紀末、二十世紀初的智識與政治運動特別明顯，這股運動後來以「新型自由主義」為人所知。新型自由主義強調社會成員之間相互依存，認為若沒有他人的協助與支持，人是無法靠自己存活的，堅信這種支持不是要把人控制得喘不過氣，而是實現個體性和自由所不可或缺的。

第二點也同樣重要，這一層自由主義贊同之前的自由主義保護人民——不論是個人或整個社會——的目標，不受對其空間的不當干預。第三層提倡的個人發展已經有所限制，但仍然受到威脅；這張網涵蓋的範圍更廣，連這種新出現的威脅都會加以防堵。如今認為，不是只有不適當的實體或法律干預、或輿論壓力會阻礙人類的發展。人的潛能還會受其他的障礙所阻擋，像是英國二十世紀中葉的自由主義改革家威廉・貝佛里奇[3]所說的五巨惡——「匱乏、疾病、無知、骯髒和無所事事」——都需要根除或緩解。把這種障礙移除並不需要那種「不自由」的積極自由，把自我實現的範本強加在個人身上，「強迫他們自由」。反之，它透過積極的國家行動，讓人有自由來追求第三層的自我發展的概念。因此，其三，受民主所監督的國家是用來協助完成這項艱鉅的任務，因為一些重要的人類需求，像是獲得工作或醫療保健，有太多的案例遠非個人能力所及。

第四——新型自由主義的一個特徵——社會被想成一個和諧統整的實體，擁有共同的理性目標。階級、地理甚至宗教的分別其實是無關緊要，甚至是有害的，但是實務上的自由主義者往往沒有那種令人敬畏的觀點，並且通常無法接受全面的性別平等。在英國，第四層整合了個人與社會，把自由主義的疆界往外推，其程度勝過歐洲其他的自由主義。它在二十世紀主要的成就在於奠下福利國家的意識形態基礎，這徹頭徹尾都是自由主義的產物。一九四二年著名的「貝佛里奇報告」是福利國家崛起的里程碑，它提出戰後的重建計畫，欲透過社會保險和兒童津貼來改善貧窮。它以典型的自由主義方式，把私人的努力與公眾的支持結合起來。國家搖身一變，成了公益與公德主要（但非唯一）的媒介。類似的傾向也可以在十九世紀末法國社會連帶主義的社群主義和國家自由主義中看到。

最後但同樣重要的是，就如第二章所討論的，第四層最新穎之處，在於它提出有機社會的看法。一個世紀前的左翼自由主義者推翻了把社會類比為有機體所隱含的不民主的意涵。霍布豪斯尤其反對社會達爾文主義的衝突觀點，認為社會演化展現出與日俱增的理性和社會性，並為才智合作的出現搭建了舞

3 威廉・貝佛里奇（William Beveridge,1879-1963），英國經濟學家，福利國家的理論建構者之一，他於一九四二年發表《貝佛里奇報告》，提出建立「社會權利」新制度，包括失業及無生活能力之公民權、退休金、教育及健康保障等理念。他是自由主義者，主張市場經濟，也深受社會主義影響，對當代社會福利政策及健保制度深具影響。

台。對他們來說，如果把社會比為有機體，那麼個人的權利是透過國家的善意而得以促進。個人自由的領域既有利於個人，也有利於集體生活的健康。

第四張紙以個人成長進步的形式，引入了第三張紙的時間性概念，但是讓它指向社會演化的廣闊範圍。它承認了個體位居第一張紙的中央，但是挑戰任何認為人與人之間的障礙無法跨越的看法；在相互扶持是獲取個人幸福唯一途徑的前提下，歡迎某些抱持社區精神而侵入私人空間的做法。這就是為什麼有些社會保險採用強制性，例如健康和失業，以確保有一個公共的財富池來幫助那些在生活壓力下失足的人。在社會成形之前，權利即已自然存在，第四張紙掩蓋了此一訊息，視權利為個人聚成社會的結果——人是組成社會的重要成分，而權利則是社會硬塞給人的禮物。確實，隨著人的福祉和繁榮來搶地盤，自由在自由主義第一張紙上的顯著地位就有點旁落。但是自由主義第二張紙——把人的關係看成個人的市場交易——其實已經被左派自由主義者給拿掉了。這張紙在歐陸的自由主義中相當顯眼，但是在英國卻要過將近半世紀之後，才又重新放回自由主義的傳統之中。第四層的自由主義者很容易譴責他們所稱的「曼徹斯特學派」，只把以自我為中心、唯利是圖的人放在眼裡，缺乏對弱勢群體的關注，忽略了社會在創造財富一事所扮演的角色。他們雖然歡迎自由貿易，但這貿易必須不受金融、工業和軍事壟斷所宰制。那些壟斷可能出於要討好不受限制的私人企業，但卻搖身一變，成了以剝削為務的帝國主義。

第五層

第五層自由主義更為當代，它抽掉了第四層主張的單一的社會觀點。社會學的轉變和文化的看法對自由主義思想的影響越來越多。從二十初世紀以降，自由主義者開始意識到權力在社會中的分散，這不是要去克服的東西，因為它讓群體與群體對抗——就如同階級衝突中所見——而是要受到歡迎的東西。社會和政治分析家發現，社會是由許多不同的利益團體所組成，沒有一個能壟斷權力——像馬克斯．韋伯等德國自由主義者就認為國家壟斷了權力。這種分散權力的新方式補強了法律與制度的分權。一個自由主義社會必須認真考慮不僅是人與人之間的相互作用，也要考慮群體與群體之間的相互作用，這個多元的觀點削弱了國家的集中化角色。自由主義政治可以被重新概念化，成為一種不同的自由市場，不是經濟的自由市場，而是各種社會群體爭奪影響力的自由市場。

後來到了二十世紀，一般所說的「身分（認同）政治」浮上檯面。形形色色的團體在公共領域競相實現其商業、金錢或地方利益，對於自由主義者來說，只把各色團體納入考慮已經不夠了。之前以種族和生物學做的分類是有問題的，要替換掉一部分，於是出現了一張更經得起時間考驗的人類多樣性地圖。以性別、種族、宗教和性取向為基礎的類別慢慢進入主流的自由主義意識之中，而非遭到拒絕、排斥或忽視。比方說，印度的自由主義者優先保障沒有公平參與機會的少數族裔。在荷蘭，保護不同的生活方式優先於利用國家達到自由主義的目的。自由主義者越來越把形形色色的身分認同——文化、心理和社會的——視為社群生活應有而非邊緣的特徵，且加到他們珍視的理念核心之中。

自由主義的困境

對自由主義者來說，第五層崎嶇難行，倫理和意識形態的泥潭散布其間。正是因為它試圖涵容其他層不相容的部分，所以它的特徵是混亂、不確定。把群體的多樣性和獨特性納入自由主義的語彙中，引入了一種特殊主義的逆流，有一部分也侵蝕了自由主義之前以普遍主義自居（這一點可以挑戰）的立場。當然，我們可以把目前對群體獨特性的強調看成是彌爾堅持個人——或至少某些人——獨特性的延伸。然而，對於彌爾來說，這極具吸引力的多樣性不是用來陶醉在文化多樣性中，而是為了保護那些特立獨行的個人，讓他們的修養得以豐富社會生活。第五層的自由主義者比較舉棋不定。他們心知肚明，儘管許多社會多樣性的確值得頌揚，但有些必須審慎以待。特別是從這新的一層可以看到今天自由主義典型、顛覆而混亂的特徵，近來在備受矚目的論辯中自由主義者的困惑就是例證。包括了穆斯林女性戴頭巾的爭論（這是出於個人的宗教選擇還是受到社會強制？）；漫畫家畫了宗教聖者（這是言論自由還是尊重宗教基本原則的敏感度？）；婦女的地位在許多社會領域還是不平等（這是性別壓迫還是根深柢固的文化規範？）；或接納同性婚姻（這是生活方式的自由還是冒犯了宗教和傳統主義者的信仰？）[4]。這種在特殊主義與普遍主義之間的緊張關係對於一九一四年之前的新型自由主義者並不合理，他們公開表示追求的是自由主義社會和諧有機的統整。

如此一來，前幾張紙上的標記開始跟最上面、最新的那一頁發生扞格。整個社會是一個群體，只要只有一個群體，只要那個社會的部分與整體之間充滿了和諧，個人權利和群體權利就是相容的，正如第四層所假設的那樣。但在一個有多群體的社會裡，要是一個群體與另一個群體的認同發生衝突，那會怎麼樣？或者在群體內部，出現自由主義者認為偏狹的歧視性做法（像是基於父權或信仰），又會如何？第一層擁有私人空間的舊權利會延伸到群體身上，讓他們有權在自身的範圍之內為所欲為？自由主義者能否容忍群體以多樣性與群體自決為名，實則採取不自由的做法？如果某些群體——比如說某個土著或原住民族群——自認從以前到現在都未獲重視，所以訴諸受害經驗，要求更看重他們的聲音，那麼要什麼採取什麼反應才適當？

更有甚者，如果兩個群體從這疊自由主義的織毯中挑選了不同的自由主義原則，那又該怎麼辦？如果反墮胎人士支持生命權，並將之擴及任何發育階段的胎兒，那該如何？但是支持選擇權的人則堅持女性有權憑藉著自由與自決，決定自己身體發生的事情——這在第一層都有——或是憑藉在第三層中展現的隱私（就像美國最高法院在一九七三年的「羅伊訴韋德案」[5]所做的裁示）？這

4 上述這些問題引發的爭議，詳細討論可見本系列的《多元文化主義》。

5 羅伊訴韋德案（Roe v. Wade, 410 U.S. 113 (1973)），一九六九年八月，德州的諾瑪．麥柯薇（Norma McCorvey）尋求墮胎未果，用羅伊（Roe）的化名讓律師以德州禁止墮胎的法律「侵犯隱私權」，對檢察長韋德（Henry Wade）提出訴訟，地方法院判決德州法律侵犯原告受美國憲法第九修正案所保障的權利，但並未對德州的反墮胎法律提出禁制令；上訴後最高法院於一九七三年以七：二的比數通過判決：根據憲法第十四修正案的正當程序條款，以及婦女獲憲法保障的隱私權，女性在懷孕一至三個月期間決定是否墮胎「不容州政府干涉」。然而此判決引起的爭議數十年不斷，二〇二一年九月一日德州州長簽署SB8法案（或稱德州心跳法案，在所謂可檢測到胎兒心跳、約孕期六週後禁止墮胎，且任何公民均可依此法起訴「幫助和教唆」進行非法墮胎的人員），拜登政府的司法部長旋即於九月十日對德州提起訴訟。

種不確定和無定論把自由主義縮小到分析家所看到的規模，它就跟所有的意識形態一樣，在重大的社會和政治問題之間的衝突似乎難以解決時，其概念的構想也無法提供一勞永逸的解決方案。

自由主義是一套勾勒國家及其成員之間關係的理論，並據此發展起來。隨著像是公共／私人、政府／非政府、文雅／浮濫使用大眾數位話語之間的區分越來越模糊，隨著堅持其排他性的「私人」、部分或受限大眾的出現，自由主義能讓個人得以發揮、預防傷害的假設也面臨好些深刻的問題。一種意識形態的原則如果都是語焉不詳，這可能反映了我們的知識狀態，甚至是目前對合理性的理解，但這並不能提供大多數意識形態都錯誤地標榜的確切性，而自由主義在更加自信的階段也走入其中。

民主中的自由主義赤字？

自由主義雖然展現了它有本事與時俱進，但是在「自由主義」這個堂號之下，傳統的豐富和多樣卻常常受損。豐富的可能性仍在，但是它的概念化與執行卻很不理想。第一層有一大塊被化入「自由民主」一詞中，但是前面的「自由」最後卻消失了。民主的實踐大部分被認為是平等主義，講究參與和包容，並且也是許多國家憲法組成的一部分。但是，讓人人都發出聲音，並不能確保發出的是自由的聲音；從法國大革命到俄國革命，我們還沒有看過一場大規模的革命是以自由主義為依歸，較小的動盪如「阿拉伯之春」就更不用說了。隨著歐洲在二十世紀後半葉的民主化，眾人呼求的是民主的歐洲，而不是自由的歐洲。即使當今對人權的訴求集中在生命、自由和尊嚴等第一層的基本權利，卻往往犧牲了社會和文化權利。問題不僅在於把基本權利錯認為完全成熟的自由主義，更在於在政治修辭上，基本權利已經漸漸跟自由主義脫鉤了。因此，刺耳的「肌肉自由主義」被那些想要在某些非「西方」社會中強施某種自由和憲政的保守派掛在嘴邊炫耀，他們對自由主義第三層及第四層則不感興趣。

除此之外，經常把自由主義削減到只剩基本的憲政運作和權利，也毫不令人意外。第三層強調自我發展的個人主義，已經跟很多文化和知識論觀點相左，這些觀點視社會環境為人類行為的驅動力。舉個例子，從理論上來說，它在後結構主義者和後馬克思主義者的眼中已顯過時，這些人認為社會生活是嵌在霸權論述實踐之中，這意思是說，政治和社會語言的主導形式控制了人的思想與行為。自由主義者將個人主體性視為首要之務的許諾被這類理論棄置一邊。不只如此——隨著全球視野越加凸顯——第三層所揭櫫的目標被視為奢侈品，世界上大多數的人根本無緣享受，享有充足食物、住所和免受暴力侵害的基本權利遭到剝奪。因此那一層只對少數人說話。

第四層認為法規的良善、社會是和諧的，這種假設過時而一廂情願，經不起仔細檢驗，因為社會益發顯得碎片化，加上法律監督其成員，從測速攝影到網路上追蹤消費模式，乃至電子標籤。各種良性社會演化的理論也過時了，事實證明，要讓所有的人都享有福利和福祉的成本極為龐大，而人類嫉妒猜疑的浪潮一波接一波，大規模的災難不時發生，不管能否全身而退，都更不可能提供持續的福利。在人文主義者的自由主義意識形態範圍中，這些自由主義的特徵還是零星可見，但是法蘭西斯．福山在一九九〇年代宣稱自由民主已經獲得勝利，聽起來就像小布希在之前承諾為「伊拉克帶來自由民主」那般空洞。尤其是名不符實的「新自由主義」，我們在第七章將會探討，它拋棄了第三、四張紙，還部分改寫了第二張紙的自由貿易，留下一疊稀稀落落的紙，根本無法承接自由主義遺緒的複雜、多樣和道德力量。

第四章　自由主義的樣態

意識形態間的穿透性界線

對自由主義的任何分析，若不去檢視它的架構，勢必無法周全。結構性的探索可以幫助我們判定：哪些持久的、以及相對短暫的特性，足以辨識出自由主義為某個獨特意識形態家族的成員。本章的分析進路將與第三章提供的方式相輔相成。我們可以長期觀察一棵樹的成長、轉變與病徵，也可以探究它持久的生化特性和形狀。兩者都告訴我們同一植物的不同事情。藉由雙重面向的探討，我們得以對自由主義所涵蓋的內容有更完整的了解。

形態學的方式檢視了某種意識形態的詳細結構，以確認它包含了典型的論證模式。具體而言，它探索意識形態的微觀組成部分和細節，著眼於其運用政治概念的配置框架。所有的意識形態——當然也包括自由主義——都訴諸於他們希望提倡或捍衛的中心思想和概念，但每一種意識形態也會各自以清晰可辨的不同模式為其思想和概念排序。如同第三章所言，自由主義的各個層面並非無縫接續，而是彼此分離、不相連貫的；形態學的方式是要探索自由主義有哪些特徵構成了一個可辨識的概念輪廓。它有助於證實下列說法：能從歷史與經驗中觀察的各種自由主義仍然隸屬於某個更為寬廣的自由主義家族，而這家族顯現出相當大的延續性。畢竟，運用於各種政治思想實例的「自由主義」標籤，彰顯了一個共同或交疊的分母，除非——如第七章所論述——自由主義的特徵被刻意錯誤描述。如果共同的組成要素確實存在，那麼所有自由主義思想的案例都會看得到它們。倘若未能展現，那就表示它們不屬於被命名為「自由主義」的意識形態，無論世人賦予它什麼樣的標籤。

現在我們可以進一步闡述第一章所提的論點。自由主義在形態上的連續性考量到了自由主義家族中眾多的變異與爭辯。這個方式容許自由主義之間保有相當程度的內部彈性，從而使意識形態整體具有持久性和適應力。這樣的彈性透過形態學方法所揭示的兩種特性所達成。首先，將聚集在意識形態旗幟底下的概念予以空間上的安排，會呈現許多不同的組合與變異體。意識形態會把主要觀念緊密結合，以達到相輔相成的效果。舉例來說，自由主義思想中的自由、進步和民主，從十九世紀以來就牢牢綁在一起，很難只主張其一而忽略其他二者。同時，同一意識形態中的各種變異體也會為它偏愛的概念創造出距離，用以區隔那些有損其積極主張的其他概念。因此，在許多情況中，自由主義者會將經濟自由與人類福祉分離開來，尤其是第四層的自由主義，以及——衍生出截然不同後果的——諸如新自由主義、自由放任主義等敵對的意識形態分支。

其次，對於一種意識形態觀念成分的不同比重，會提高某個概念相對於其他概念的重要性。例如：雖然所有自由主義者都非常強調，個人選擇與自由乃是自由主義的核心要素，但某一版本的自由主義可能希望更重視人類的社會性和相互責任，而另一派則堅定主張自由主義的最終產物為一套合法且具共識的憲政秩序。因此，儘管這兩種自由主義思想可能包含了類似的觀念，但那些觀念的優先順序和重要性卻是可以重新調整的。

以上種種說法並未推翻自由主義歷史多樣性的證據，也沒有否認不同的自由主義各有其彰顯的部分，反倒提供了解碼政治話語的鑰匙。藉由這種方式，我們可以更容易將政治論辯所涵蓋的意義與世界觀，配置於不同的意識形態群組。當然，這些話語可能會出現混合與斷章取義的狀況，進而跨越了自由主義和非自由主義模式之間的界線。自由主義者可能與眾多鄰近意識形態家族（例如保守主義、社會主義和無政府主義）共享一些思想元素——儘管內涵不必然相同。自由主義和保守主義皆對社會穩定賦予高度價值。社會主義者分享了自由主義者致力於增加社會成員生存機會的使命，但他們朝向目標的方式大相逕庭，偏好徹底改變、或甚至意圖消滅社會階級之間的分歧，並對私有財產的擴張抱持悲觀的看法。自由主義對福祉、個人發展和機會平等的關注，很難與社會民主主義對這些價值的依附明確區分。無政府主義者強烈支持人類自由，但他們對自由主義憲政的觀念並不認同。

意識形態之間的界線並非嚴格僵化的，而是具有穿透性的；並且它是由我們這些身為自由主義的門徒來決定：跨越界線的思想運動是否會侵蝕兩個鄰近意識形態間的差異？又或者這種遷移是否有所限制，以便充分保留足夠清晰的差異。在大多數的情況下，我們或許可以判別某個信念系統、或某組政治論述是否在自由主義場域占據了一席之地。如果人們能夠辨識出「自由」一詞某種持久性的固定用法，那我們就有初步案例可以用來檢測這個概念的連續性，無論如何，我們應該留意為新的變異形態預留餘地，並揚棄舊有形態。拿世界各地住宅的廚房來做類比，儘管有各式各樣諸多差異的樣式，但我們還是可以辨識出何者是廚房、何者不是。幾世紀以來，廚房的形態產生了很大的變化，但一些共通的元素依然存在：它是準備食物的地點，緊鄰水源和熱源。自由主義也是如此，各種形態皆具有共同的組成部分，即使為了因應外在環境的劇烈變化與優先順序的不同考量而有所調整。

自由主義的核心

那麼，自由主義的共同性是什麼呢？不管在各種表現形態中所處的空間位置與相對比重為何，有哪些觀念是所有的自由主義都具備的？如同在第一章所言，意識形態是由幾個頗具持久性的核心概念所組成。這代表了兩個意涵：首先，我們可藉由檢視某既定意識形態的不同實例來確認其持久性；其次，一旦剝離了核心概念，意識形態就變得無法辨識，或變異成另一個不同家族的成員。我們可以用「自由」這個概念（無論是liberty或freedom）來說明。毫無意外地，自由是貫穿自由主義多種變異版本的核心價值；同樣不意外地，如果我們從任何一種版本去除自由的觀念，自由主義就會失去一個絕對關鍵的區別因素。接受一種排除自由概念的自由主義簡直是無法想像的，在實務上也不可能找得到。不過，反過來說並不成立，我們不能把任何談論自由的意識形態都認定為實質的自由主義。

當然，宣稱自由為自由主義不可或缺的概念只是長篇故事的開端而已。當我說「我是自由的」，其實是懸而未定的不完整陳述。它只表明我現在沒有受到其他人或某種事物的限制。進一步的問題隨即衍生：限制是「由誰」或「由什麼」而來？其他人是潛在的約束者嗎？法律是否構成對個人的主要壓迫？有其他的限制妨礙我的自由嗎？或許是貧窮，讓我欠缺實現自我選擇的工具？或許是無知，才讓我無法做出明智的抉擇？或許是原本可以預防的疾病，導致我身體狀況不佳而無法隨心所欲地自由行事？也有可能是缺乏有意義的工作，讓我的能力無法發揮？或者，是因為基於性別、種族、宗教或族群的歧視，讓我受制於社會偏見而無法追求美好的生活？凡此種種都實際限制了我的自由，這在討論第四層自由主義時已經提及。

這些自由的意義都是對自由的可能詮釋，在這裡出現了一個本質上極具爭議的概念，也就是一個概念始終具有不只一個狀似合理的意義。會發生這種狀況是因為沒有一套客觀或決定性的方式來對各種價值進行排序，例如：擺脫歧視或擺脫貧窮哪個更重要？然而，自由主義的不同流派會對某些意義的詮釋展現偏好，並且在政策決定上——無論是說的或做的——都必須做出選擇。因此，所有意識形態（當然也包括自由主義）的功能之一，就是對所使用的概念消弭爭議——試圖為所有主要概念賦予明確的意義以化解爭議，定於一尊。也因為自由主義的家族範圍寬大，自由這個概念可在眾多變異版本中吸引各種消弭爭議的嘗試。大體而言，自由的意義涵蓋了對無害活動或甚至被動性存在的確保，使之不受外力或國家的侵犯（第一層自由主義），以及透過積極消除人之無法成為人的阻礙以充分實現人的潛能（第三和第四層自由主義）。至於是哪些障礙應該被移除，則反映出自由主義文化環境的持續轉變。因此，某些情感上的剝奪現在已被認為跟身體暴力一樣嚴重，或者父權體制在性別平等的文化中已經不再恰當。

就自由主義的形態學而言，自由並不是唯一被賦予核心地位的概念。它是七個核心概念之一，底下將不依特定順序列舉其他六者。

理性是另一個持久的自由主義核心概念。自由主義預設了人們具有做出合理選擇的能力；可以反思自己的目的與生活方式；並以體貼、理解和尊重的方式對待他人。一些哲學家會運用自主性和目的性的觀念來確認什麼是自由社會成員的理性。由此角度而言，理性意指為自我規畫、預判並尋求最佳選擇的能力，可以為自己做出被信賴的明智決定，而且經常能與社會其他成員和諧共處。從普遍具備理性的觀念衍生出來的論點是：每個人都有平等的權利和機會來表達這種理性。對於許多早期的原型自由主義者而言，理性是上帝賜予或自然擁有的，這種想法直到今日依然受到一些哲學家與道德家的認可。理性引導人類為自我追尋美好的生活，並同時考量他人在追尋美好生活中的喜好。

對理性的另一種截然不同的解讀是：透過最具效益的計算方式來達到目的。認同以自我為中心的經濟與效益主義理論由此進入自由主義，通常帶有競爭性地極大化自我利益與優勢。目前最明顯的是一些在自由主義家族邊緣徘徊的新自由主義。誠然，自由主義理論現在越來越能接受情感和文化傾向在我們建立偏好與決定中的重要性，鑽研意識形態的學生也認知到有許多決定是無意識且無規畫的。儘管如此，人類的理性和理性交流依然是自由主義的指導方針。

個體性是第三個核心概念。它經常與個人主義的觀點相混淆；個人主義認為社會結構應當優先考慮個人的角色，將之視為社會中的唯一單位——獨立且自足，個人主義也拒絕把群體或社會整體視為個別實體的態度。個體性則不然，它所強調的是品質上的獨特性。所有個體被認為能夠自我表達與發展，他們需要這些特質來充分實現潛能。個體性具有人格上的精神與道德元素，並可由個體本身滋養；但它也同時仰賴教育、經濟、文化和健康環境的改善，來為此滋養提供必要的機會。因此，評估自由社會的安排與這些目標的實現息息相關。

進步與個體性有密切的關聯，但它本身也是個別的核心概念。它將正向運動與發展的動能引入自由主義；這種動能通常被視為自由主義啟蒙和文明使命的一部分，包括透過人類的發明和努力而不斷改進物質技術、提高生活水準。最重要的是，它聚焦於對時間的樂觀看法，朝向最廣義的社會改善之方向開展。然而，自由主義的時間開展並非預先設定或目的論式的；也就是說，它並不像某些社會主義或烏托邦的意識形態，走向計畫中的目標，不可阻擋。自由主義的進步是開放式的。人類發展是持續性的過程，它運用並反映了個人的自由意志，在其他自由主義核心概念的交互嵌入與確保下展開。既非自動亦非強加，因而無法完全預測。

貫穿自由主義論述的第五個核心概念是社會性，儘管這或許會令有些人頗感驚訝。關於社會性的重要，初步線索可見於洛克的原型自由主義，特別是在他的自然狀態中。洛克的自然狀態已經受到另外兩個自由主義核心概念所支配：理性，以及權力的分散；但它也涵蓋了人要「愛自己以外的人」的義務，這代表著人與人之間從一開始就在尊重與情感連結上有很強的相互依賴。因此，原初的自然狀態是「前政治的」，但並非「前社會的」，因為任何人都會關心他人的生命、財產和健康。由此溫和的開端，多年來在自由主義中產生了互惠的相互依賴觀念，無論是在經濟、倫理、情感或生理層面。這樣的觀念證實了人類的非孤獨狀態，它甚至侵蝕了市場版本的自由主義。因此，如果個人主義被詮釋成社會原子主義（如同一些自由主義的批評者所堅持）——每個人都與他人根本性的分離——那麼這種個人主義並非自由主義主流樣貌的部分，即使它可能存在於自由放任主義中。

公共利益有時候與社會性息息相關，但在概念上是可以區分的。此為第六個核心概念，呈顯出自由主義一視同仁的主張，納入所有個人及群體，而非強調階級、種族、性別或族群的裂解。因此，就原則性而言，自由主義者似乎不受各種身分區別的影響。然而，許多自由主義的批評者斷然拒絕這種自由主義式的盲目。他們指出自由主義者展現爭議性偏見的方式，卻經常自欺欺人，認為自己沒有。一般來說，不同層級的社群觀念隱含了某些條件與環境的共享，進而打造其成員的特定身分，這種身分認同同時包括許多觀點、意見與想法的鬆散匯集。在自由主義的架構中，第六個核心概念的預設立場是意圖訴諸普遍性的人類利益，著重於將人結合而非分裂的因素，甚至還訴諸一些基本共識。這裡指涉的或許是一種體面感、合理性、相互尊重、平等對待，以及促進眾人集體利益的願望。即使是那些將自由主義詮釋為以市場為導向、具有強烈競爭性之意識形態的人，也會強調公共利益的訴求。伯納德·曼德維爾著名的「蜜蜂寓言」經常被引用[1]，他論辯私人之惡會導向公共利益：追求個人利益的同時，可能讓所有人都受惠。另外如第二章所述，亞當·斯密和黑格爾主張有一隻看不見的手，可以透過分工與專業化的過程，將自我利益的追求轉化成符合公共利益的結果。

那麼，第五層自由主義中的多元主義和多元文化主義又當如何？儘管自由主義者認知社會裡存在多元的社群，但它們之間的關係並未完全脫離主軸。第五層自由主義者只是擴展了公共利益的觀念，以支持一些條件的設定，讓群體之共存不僅可能且具價值。在各種宗教、種族及鄰里社群平行發展又具交互關聯的社會中，體面、合理與相互尊重甚至變得更加必要。這裡蘊含的假設是：他們基於人性以及對良善的追求而促進了彼此的互動，並使他們更可能對其他自由主義核心概念產生強烈的依附。然而，如我們所見，對於努力應對社會多

1 伯納德・曼德維爾（Bernard Mandeville, 1670-1733）荷蘭作家、哲學家，後定居英國，以《蜜蜂的寓言》享譽歐洲。該書一七一四年出版，副標題為「私人惡習，公共利益」。在蜜蜂的國度中，每隻蜜蜂都瘋狂追求自己的利益，但蜂巢卻繁榮興盛；忽然牠們覺悟了，轉向善良正直，但群體卻變得蕭條。他的論點是對「惡習」有用性的辯護，所有行為都是惡的，因為它們都是出於自身利益的動機；然而，雖然動機是惡的，但行動的結果往往對社會有益，因為它們產生了文明的財富和舒適。「蜜蜂寓言」是現代自由主義經濟學和經濟倫理的基本隱喻，相信市場對私欲行為具有神奇的轉化力量，出於道德情懷的行為則不僅不可行，甚至可能危及公共利益。

元主義的自由主義者而言，棘手的問題依然存在。經由某種衝突性的認知，自由主義者從前對少數族群身分的漠視已經有所減緩。

第七個核心概念是權力，但具有特定意義——受限與當責。就深層意義而言，自由主義者對權力顯得有些尷尬：畢竟，自由主義出現在歷史上主要是為了對付有權勢者的濫權與壓迫。從另一個角度而言，他們明白政府必須被授權做出具有約束力的決定，而決策的制定與執行總會涉及權力的行使。儘管如此，自由主義政體中的權力是要制約與防範的，必須接受制衡力量的檢驗，權力之行使必須由憲法規則認定為正當且可以執行，以及同等重要地，權力必須分散以降低濫用的危險，並吸納各類團體在其中運行。這種目的性的權力概念逐步走向更大的包容性，並為社群提供服務，希望開通一條最佳的——如果不是最完美的——道路，以實現自由主義整套的核心價值。

為自由主義的骨架增添內容

就解剖學的角度而言，這些核心概念只構成了自由主義的骨架。它們固然是自由主義家族的必要特徵，但並不充分。我們知道，每個政治概念會有許多意涵，而成為不同的概念。自由可以意指許可，也可以是對無害行為的無所限制，或自我潛能的實現，抑或是反思性的選擇，或公民自主。但它不能同時涵蓋所有意思，因為某些自由的概念是彼此不相容的。因此，在自由主義思維的特定案例中，某些意義（或概念）會被選取，其他則被拋棄。仔細檢視意識形態在形態學上的細節，可看出爭議如何消弭。

由於核心概念總是在可能的多種意義間輪轉，我們需要可以鎖定其中一種特定含義的機制，無論鎖定時間如何短暫。否則觀念會變得模糊又不連貫，而且政治實務的解決方案——即使並不完全——也無法實現。如同先前所提，消弭爭議的過程會排除掉一個概念所有可能的含義，只保留一種意義。例如：上面列舉了五種自由的意義只採納一種，儘管有時候部分含義可能會些許重疊。當然，就邏輯的角度而言，概念將持續擁有所有數量的意義（或概念），但消弭爭議是一種賦予概念特定文化、道德、政治或效益意義的方式；唯有如此，社會和政治才不致失序與癱瘓。換句話說，消弭爭議簡化了極為複雜的議題，為錯綜難解的政治爭論提供必要的精簡。它與確保「正確」或「真實」的意義關聯不大，主要是為了讓觀念、意識形態和論述變得可以理解，讓實務上的決定成為可能。

消弭爭議也為自由主義本身開啟了一扇有趣的窗口。概念承載多重意義反映出思想的靈活性與適應力，而這正是自由主義的標誌之一，並確保它長久存在。因時制宜與重新調整是自由主義意識形態可以比極權主義表現良好的原因之一，後者往往展現出無法轉圜的僵硬性，導致緊繃狀態下的裂解。當然，自由主義跟其他許多意識形態家族一樣，也有「不靈活」的一面，以及無法跨越的紅線與不可妥協的領域。自由主義不能容忍不自由的觀念與作為，比如藉由酷刑侵犯基本人權。反對死刑是另一個自由主義的恆常立場。換句話說，自由主義對其核心原則最堅固的領域會強勢地定於一尊。路易斯・哈茨相信他在美國發現這樣的特徵：「它無疑是一股非凡的力量：一種自由的生活方式，展現固定且獨斷的自由主義。」或許哈茨對美國的觀察是錯的，但對自由主義信念的力量卻真確無誤。

沒有例外地，自由主義必須在形態學和實務上有所決斷。跟其他意識形態一樣，要為一個概念賦予更大的特定意義，主要是藉助於圍繞四周的相鄰概念。那組相鄰的概念豐富了核心概念的意涵，也限制了它可能包含的其他意義。舉例來說，自由主義者可能會以民主、福祉和平等（理解為機會均等）等相鄰概念環繞著自由這個核心概念。這種模式推動了核心意義的解碼，朝向可問責的福利國家發展；在這種狀態下，自由意味著每個成員在獲取關鍵社會資源時沒有障礙——這是第四層自由主義核心的形態學群集。此等定調方式有時候被稱為自由的運作概念，因為自由不僅是一種不受干擾的狀態，也是一種積極做出選擇、並為自我能力尋求表達的狀態。換句話說，自由不只是一種存在的被動狀態，也是一種有所作為的動態表現，在他人支持的啟動下，充分運用自身的能力。

另一種可能是，自由主義者將財產、安全、生產力和法律規則的概念移至緊鄰自由的位置。當這種模式盛行時，自由會呈現出保護個人市場活動的主要輪廓，並藉由所有權的形式化以及為經濟活動清理路徑的方式來實現——這是第二層自由主義在形態學上的中心群集。還有其他方式可以針對自由主義核心概念的某些詮釋進行梳理，這會與核心概念之間如何互動相關。因此，如果我們結合了理性、社會性和有限權力，我們就會將理性與人類相互依賴的利益（無論是文化或經濟層面）連結在一起。此外也由此宣示，在社會中過度依賴權力容易導致理性失能。表面上看來，概念上的排列組合似乎是無限的，但實際並非如此。事實上，它們一般會安置於第三章所探討的那幾種分層模式。

然而，故事尚未結束。因為一旦我們進一步微調自由主義的結構，就會碰觸第三組外圍概念。這些通常是自由主義意識形態領域中較不持久的組成分子，但在連結較為普遍的「內在」概念與自由主義者身處之具體的政治社會世界上，它們至關重要。這裡所講的「外圍」意味著兩個不同的介面：首先，意識形態外圍的觀念與實務，在維繫主要思想上比較不那麼重要，呈顯出更強的邊緣性；其次，意識形態持續回應「侵蝕」它的現實世界脈絡，並將那些脈絡吸納到它流動與變異的論述當中。

以移民到英國的議題為例，近年來它一直是公共論辯的火熱話題。「移民」概念衝擊到自由主義及其他意識形態，但它在自由主義中並沒有像近來竄起的民粹主義或國族主義團體那樣占據了中心位置。如果排除觀光客和過境旅客的話，跟移民相關的入境外國人可以分類為難民、尋求庇護者、申請工作者及福利追求者；後兩種類別則包括合法入境者（例如：歐盟國家的成員）和非法移民。整體而言，自由主義者傳統上對移民抱持寬容的態度，主要理由有二：這屬於他們所珍惜的遷徙自由之一環；以及——在某些案例中——基於人道主義的考量，必須保護個人在原籍地免受迫害或其他形式的痛苦傷害。自由主義者也可能非常重視移民者帶來的經濟效益與技能，並欣賞移民文化的多元性以及它對收容國文化的貢獻。因此，移民這樣的外圍概念就能與自由主義的第二組相鄰概念（如福利、人道主義、多元主義、相互依存和繁榮興盛）以及自由、社會性等核心概念串連在一起。然而，一些自由主義者可能對「福利旅遊」的移民型態劃清界限，阻擋那些只為利用社會可支配福利機構的非本籍國民；或者，也可能希望能限制對收容社會表達強烈敵意或暴力威脅的個人入境。

移民案例的具體性為自由主義倡議的抽象觀念增添了色彩和背景。意識形態要能開始產生具體意義並與社會和政治脈絡有所關連，通常必須藉由那些介於實際具體情境與基本原則之間的「橋接」概念。事實上，核心概念本身依然是空洞且不確定的，除非它們能與相鄰概念和外圍概念連結起來。因此，另一種檢視自由主義家族眾成員的方式是追蹤每個版本的開展路徑，從共同秉持但定義鬆散的核心，經由稍微具體的相鄰概念，到棲息於自由主義並持續與之互動的各種外圍區域。當然，我們也可以採取相反的路徑：從自由主義外圍的思想、實務或事件出發，回溯某些相鄰概念；最後再衡量它們對核心區域的影響，並留意作為連通管道接收端的核心概念是如何適應與重新詮釋的。

因此，一旦將自由交易、個人主動性、企業精神與競爭性等相鄰概念整合到位，關於自由和個體性的核心觀念就可能被轉移至市場實務中。由此出發，將會呈現另一條路徑，朝向國與國之間貿易協定的外圍區域，或是探討薪資報酬、社會地位跟工作價值關聯性的外圍論述。從外圍回溯核心的反向路徑可能如下：某個醫學性的突破，比如製造出能治療重大疾病的新藥，也許被一些自由主義者藉由福利和公共財權利的相鄰概念轉向對公共利益與進步等核心概念的強化，結果可能產生一種社會化的醫療形式，免費配送，並由國家出資。然而，對於醫學發現也有別的自由主義選擇：藉由私有財產權或對個人創新的財務獎勵等相鄰概念，導向截然不同的道路。其路徑可能轉往對理性這個核心概念的特定詮釋——將之詮釋為效能，以及將自由的核心概念理解為對無害活動不加干預（在此案例中，無害活動是私人公司生產安全藥物，在健康市場自由競爭）。眾多形態學上的排列組合，呈現出多種模式；但它們都可以被辨識出來，隸屬於自由主義領域提供的可能性。

精確與模糊的部分

形態學方法並不假設意識形態具有本質，或其概念具有真正的意涵。本質觀點是一些理論家、倫理學家和哲學家秉持的；形態學則不然，它仰賴的是從許多不同來源獲取的經驗證據，用以建構重複性的典型論辯模式，然後將之聚集組合於某個意識形態家族。透過探索自由主義語言與論述反覆出現的模式，我們發現自由主義是以一種內部安排的複雜群集出現。對於在嚴峻思想環境中進行無止境競爭的意識形態而言，自由主義結構上的靈活性和容忍度，以及由此衍生的適應力顯得相當有利。然而，自由主義的不同排列是經過濾化的，透過自由主義核心概念施加於各種版本的組織性約束來過濾。跟所有意識形態一樣，自由主義的核心變化較慢，外圍的變化較快。因此，前者顯得持久且聚焦，後者則有如置身於流沙。

將自由主義視為一種鬆散的形態學安排，會進一步揭示自由主義邊界的脆弱，儘管其家族具有明確的相似性。倘若自由主義概念用不同優先順序重新排列，或者用其他概念取代其中的一、兩個概念，自由主義就會變異成鄰近的意識形態。意識形態間的界線並非固定不變。各個意識形態或許希望將自己呈現為獨一無二、清晰可辨的模樣；但從形態學的角度檢視，很快就發現其間的相互重疊、共享區域與交叉排列。極為重要的是，區分意識形態的關鍵不在於觀念和概念的存在與否，而在於那些堆疊或共有之組成分子如何聚組的獨特模式。

分析那些冀求自由主義地位者的資格，會面臨另一個困難：他們容易有犧牲其他核心概念以膨脹某一核心概念的傾向。如果自由主義者採取弱化的第二層自由主義，只強調市場和資本主義企業的力量，而鮮少關注個人發展或自主與反思性的選擇，那麼作為不受約束的累積財富之自由概念很可能占據太多核心空間，進而削弱其他共夥的核心概念。然而，當任何核心概念脫穎而出、排擠到其他概念時，觀察者就必須仔細判斷核心的剩餘部分是否達到足夠的關鍵量能，值得被冠上「自由主義」的名號。這個議題將會在第七章討論。

當然，也有學者採取唯名論的立場，認為我們必須接受任何自稱為自由主義者的表面說辭。不過，這並非形態學方法的立場。如果我們不加批判地接受唯名論者的自我宣稱，就有可能將納粹歸類為社會主義家族的成員，因為他們自稱為「國家社會主義者」。說得委婉一點，這會讓對橫跨兩次世界大戰之法西斯主義的合理理解過度延伸，超越可接受的限度。這就是為什麼來自個人或團體的自我定義——儘管毫無疑問地，在任何調查中都極為重要——必須接受外在各種面向的檢驗，而不是由為自己的思想產物貼標籤的人決定。

無論我們對自由主義論述的看法如何，也無論我們認為何者較佳或較糟，形態學的進程只是為了勾勒出自由主義可能性的地圖，而不對其內容價值表達看法。它的角色是幫助我們理解自由主義思想的實際特徵，並非做出評斷。下判斷自然是政治思考中無所不在的元素，無論是自由主義的支持者或批判者都不斷參與其中；但這將是後續章節探究的主題。

第五章　自由主義之光

自由主義的「偉大人物」

跟所有意識形態一樣，自由主義的故事結合了社會與智識界的時尚潮流，以及傑出人才的卓越貢獻。我固然主張，將自由主義史的範圍與複雜性濃縮到少數人身上是方法論和事實上的錯誤；但同樣錯誤的是，忽視這些思想「名人」在自由主義論述上所扮演的關鍵性角色，以及為普羅大眾設立指標，讓他們得以獲取接觸自由主義觀念的管道。畢竟將自由主義的複雜語義化約成幾個「英雄」人物是很常見的，而這種簡化本身就對自由主義的理解與接納產生了深遠的影響。許多時候，重要的似乎不是實際的自由主義究竟為何，而是透過那些最顯赫的倡議者，一般公眾是如何看待自由主義的，以及這些認知是如何影響自由主義周邊的修辭和想像的力量。

特定專業的自由主義智識傳統主要是由哲學家建構而成，並透過大學課程及「經典的」歷史文獻形成正規的文典。但也有些特別的狀況，比如像洛克這樣的原型自由主義者，雖然被共同納入日後的自由主義傳統，其原初的許多意圖與關切卻不認為是屬於自由主義的。基於這個理由，洛克並未列在本章的人物當中，儘管那樣的增選納入有其發展邏輯，也在文化記憶的重建中發揮了重大作用。因此，本章的目光放在十九世紀初期，自由主義以一種明確的意識形態出現之後，探索那些形塑並精煉自由主義思想的主要思想家和哲學家。他們有一些理論，一開始是作為建構理想型自由主義的哲學活動。然而，不像近代多數的哲學性自由主義（這留待第六章討論），它們終究成為自由主義歷史與經驗軌道中的一部分。很大程度上是由於這些思想家廣泛地參與當年實際的政治議題。

我們從四位英國思想家開始，他們共同彰顯了自由主義思想發展中一條連貫的鮮明主軸，將第一層自由主義與第三、第四層的面向結合起來——這樣的思路被其他許多自由主義者採用，但也遭到一些自由主義者拆解揚棄。這種強調可以透過一個共同點來證明，這個共通點藉由開啟更寬廣的觀念潛能，明顯地改變了自由主義的進程。有些人會論辯，後續的另類自由主義版本主要是防禦性的舉措，以純粹主義的姿態試圖提煉出未受汙染或「真實的」自由主義本質——如果不說他們是徹底篡奪自由主義標籤的話。另一方面，這些另類版本經常譴責第三層和第四層的支持者為背叛者，或至少是扭曲者；稍後會提及的海耶克就是其中一例。

約翰·彌爾（一八〇六—一八七三）

在世俗自由主義聖徒的萬神殿中，約翰·彌爾的地位是無庸置疑的。每當談論起自由主義思想時，彌爾遲早會成為一個主要的（如果不是唯一重要的）

參考點。我們可以毫不遲疑地說，彌爾絕非典型的自由主義思想；如果典型意味著普通、正常，彌爾的敏銳度、想像力、分析的靈巧性以及理解的寬廣度都是非凡卓越的。假使我們要尋找十九世紀一般正常的自由主義思想，只需查看宣傳小冊、報章雜誌、議會辯論和其他普通的作家。但如果我們想找的是最好的自由主義思想，那麼彌爾是個合適的起點。他之所以值得探究，不僅是作為複雜哲學論述的生產者，同時也是公眾思想的傳播者，將自由主義意識形態推往新的方向。如果說政黨是意識形態的落伍者，彌爾之流的哲學家就是意識形態的開拓者。彌爾或許不能完全代表他身處的時代，但他成功賦予自由主義強大且具影響力的聲量，遠遠超越大英聯合王國的邊界。

彌爾對自由主義思想的闡釋是多方面的。他在一八五九年出版的名著《論自由》中，明確區分了「唯關乎己」和「涉及他人」的行為，這種區分彰顯了公共和私有領域之間的界限，成為自由主義的重要標誌之一。對於唯己行為，其他人是沒有權利干涉的。彌爾列舉的唯己決定包括個人安全、個人的品味和信仰，以及購買醫療藥品（只要有明確標示）。在這些狀況中，仰賴的是個人的理性；即使人們可能做出錯誤的決定，但讓他們從錯誤中學習總比接受他人主導來得好。至於涉他行為，遠比唯己行為常見，畢竟大部分的個人行為都會影響到他人。然而，只要不造成傷害，個人也可以自由行使涉他行為。這樣的法則被稱為「傷害原則」，在洛克等更早期的自然法與義務論述中就曾出現。不過，彌爾的細膩闡釋更引人注目。僅僅對他人造成不便或冒犯，並不足以構成干預個人行為的理由。只有當涉他行為嚴重損害社會其他成員的利益時，干預才具有正當性。就今日的標準而言，彌爾對傷害他人的觀念相對狹隘。它包括了生理傷害和法律強制，也包括了公眾輿論的不當壓力，但並不包括壓迫所帶來的心理、情感或歷史性的傷害。畢竟在十九世紀，幾乎沒有可用的概念工具能夠指認這些額外的傷害也是同樣不人道的。儘管如此，傷害原則和個人空間的完整性依然是現代自由主義的顯著特徵。彌爾致力執守的思想、言論與結社自由，可作為一個合格開放社會的指標；沒有這些自由，無論個人或社會都無法茁壯發展。其至高無上的重要性，至今沒有改變。

這並不是彌爾對自由主義唯一或甚至最主要的貢獻。他是最早將效益主義從追求愉悅的理論轉型為更精緻學說的思想家之一。他堅定強調人的恆久利益，以此取代效益主義者對稍縱即逝之愉悅感的關注。從前的效益主義並不盛行這種改善的觀念，因為它所認知的快樂極大化並不必然涉及任何關於個人成長的想法。

最終，彌爾為自由主義傳統留下一種對其價值的複雜理解。如同第三章所提及，他認為自由主義立基於三重概念的組合——雖然那篇著名論文的標題只揭示了「自由」——並以「個體性的自由發展」為中心：

> 倘若大家能感受到個體性的自由發展乃福祉的首要要素之一，知道它不僅是與那些所謂文明、教化、教育、文化等詞彙並列的一個元素，本身也是上述所有事物的必要成分與條件；這樣的話，自由就不會有被低估的危險……

在自由主義概念的核心圈內，自由既被強化，也受到限制。它被強化是因為具有目的性，被理解為人類潛能的開展；其受限——儘管不是完全的限制——是因為不滿於對無所作為的放任、或破壞個人過美好生活的能力。具體而言，發展是在個人的意志中，是由內而生，而非外力強加。個體性是實質的道德理想，是培養品格的路徑。它喚起了活力、多樣性、原創性等屬性，充分掌握了個體的多元。這意味著必須設計自我的生活規畫。最重要的是，它涉及選擇的操作，這對判斷、辨識感和道德偏好而言是絕對必要的。

湯瑪斯．格林（一八三六—一八八二）

從湯瑪斯．格林經常顯得晦澀難解的著作中，流經自由主義的新思潮獲得一股意想不到的推升力道。格林是英國唯心主義學派的傑出成員，在牛津大學的貝里歐學院擔任哲學講師。許多上過課的學生表示，格林授課抽象而難以掌握，用字遣詞顯然不是傳播創新意識形態的優先選擇。然而，格林還是清楚表達了至關重要的見解，偶爾也展現出修辭上的才華，這也顯示對觀念精闢深刻的智性表述可以被更廣大的政治公眾所接受。顧名思義，唯心主義會將支撐社會生活的觀念、價值與義務賦予基本和崇高的地位。彌爾固然也認知到人類存在的社會成分，但格林擴展了社會性的概念，堅持個人的思想和行為無法脫離他與合作夥伴身處的社群。事實上，他強烈主張，如果個人在履行自身道德義務的同時，也重視並認同他人具有相同潛能的話，那就處於最自由的狀態。自由就是理性和道德，決意追求真實與良善，不受模糊判斷的影響。對格林而言，這是永恆的真理，反映上帝的意志，引導人們走向終極完美。對日後的自由主義者來說，這樣的道德觀也可以用世俗的形式成功地保留下來。

格林展現了自由主義思維中的一種長期趨勢——假設良善行為有獨立不變的標準，無論是個人自身的舉止或個體之間的互動。體面、尊重、寬容與節制，都是這些良善行為的部分特徵。這種說法引起許多維多利亞時代晚期有識之士的共鳴，他們對經濟和商業生活呈現的苛刻與自私的交易益感不安。格林於一八八一年一場著名的公開演講中，罕見地使用較為通俗的語言，更清楚地解釋了自己的想法。這場名為〈自由主義之立法與契約自由〉的演講，為後續左派自由主義者的信念奠定了基調：就共善的角度而言，個人發展和相互依存是互補而非矛盾的層面。這裡也涵蓋了格林對自由觀念的重要貢獻，它最終反映在現代福利國家的思想當中。格林因應情勢，以充滿活力的華麗修辭宣示，自由不只留存給單獨個體，它還是一種積極行動的能力，與他人一同行使：

我們可能都會同意，正確理解自由乃最大的賜福——自由的實現是我們做為公民所有努力的真正目的。因此，當我們談論自由時，應該審慎考量它的意涵。我們的意思不只是不受約束或強迫的自由；也不只是我們可以自由地去做任何我們想做的事情，而不管我們想做的事情是什麼。自由並非意指我們可以為了享有某個人或某些人的自由，而犧牲他人的自由。當我們把自由視為如此高貴的東西，指的是一種積極的力量或能力，可以去做或享受那些值得從事或享受的事情，而那也是我們跟他人共同從事或享受的事情。

我們已經知道，自由跟所有政治概念一樣，其確切含義在本質上是有爭議的。格林是最早倡議將積極自由與消極自由區分開來的學者之一，也進而促成了自由主義者對自由意涵的根本分歧。即使用語極為謹慎且深思熟慮，格林還是發出激進的聲響，挑戰既存的社會安排，並藉由自由所帶來的個人改善和社會利益來評估個體行為。自由的增長是透過公民群體更大的力量來衡量的，以發揮「自身最多、最佳的力量」——此觀點具體呈現對人類完美性抱持樂觀啟蒙信念的終極目標。然而，格林所言並非後來遭受以撒．柏林嚴厲抨擊的積極自由極端版本：在這種自由中，與更高本性或「真實」自我相關的理性自制將被壓迫性的社會團體所取代，強迫個人服膺該團體對其成員何者為有益的統一詮釋。個人的聲音不應該被代言的操縱者篡奪；套句盧梭的名言，我們不該「強迫他們自由」。

雷納德．霍布豪斯（一八六四—一九二九）

十九世紀末到二十世紀之交，霍布豪斯與同事霍布森是改變自由主義思想焦點之新型自由主義的主要代表人物。自由主義的研究者對霍布豪斯特別感興趣，因為他一隻腳牢牢地扎根於哲學領域，另一隻腳則深入優質的新聞世界。幾乎是獨一無二的，霍布豪斯以當時兩種自由主義的語言發聲：自由主義理論的建構者，以及實際運作並具生命力之意識形態的形塑者，同時又能在兩者之間輕鬆移動。他最知名的著作《自由主義》出版於一九一一年，以通俗的文筆且能廣泛傳播的形式撰寫，對自由主義精神進行啟發性的重述。超過一個世紀的今天，它依然持續印製發行；作為現代左派自由主義思想的經典而言，它是無與倫比的。除了擔任倫敦政經學院社會學系的首任系主任之外，霍布豪斯還在當時自由主義陣營中具主導性地位的《曼徹斯特衛報》擔任評論作家。透過報紙社論，他展示出如何將自由主義的一般準則應用到許多具體而緊迫的社會政治議題上。在霍布森合力推動下，霍布豪斯助長並引導了進步性的公眾輿論，朝向與新型自由主義者相關的社會自由主義。

人類之間和諧的觀念是社會演化的自然結果，這樣的觀念引領出霍布豪斯大部分的理論，並藉由其科學思維更加強化——他也看重實地研究，並在曼徹斯特的一所動物園進行長期觀察。霍布豪斯相信，人類的理性是主動且具目的性的。他進一步推進彌爾對人類發展的強調，樂觀地宣示人類發展既包括道德意識的增強，也包含人與人之間意識性與思慮性的相互依存。彌爾所說的發展確保了個人對自我生活的控制和品格的滋養成長，霍布豪斯則宣稱演化的發展也以理性的社會性取代競爭。事實上，人類是演化過程中能夠主導自我演化的第一個產物。在慈善且民主的國家帶領下，社會演化的最終結果不只是自由的個體，同時也是和諧的社群。

霍布豪斯自由主義願景的核心是一套社會改革計畫。社會之所以未能履行對成員的責任，是因為它沒有追求共善。這包括優化個人的發展機會，以及協調人類目標的潛在衝突。社群應當被視為社會良善事物的製造者，造就其成員的主要福祉。但此論述的結果頗耐人尋味：社群本身也成為權利擁有者，與個體公民的權利並列。有太多促進個人茁壯發展的必要需求超越了個體掌控的範圍。霍布豪斯屬於新世代的進步思想家，意識到鼓勵人類成長與自我表達的自由主義目標終究會挫敗，除非社群擁有幫助個人實現個體潛能的權利。如此一來，自由就與社會合作不可逆轉地糾結在一起：

就重要性而言，互助不亞於相互容忍；就基礎性而言，集體行動的理論也不亞於個人自由的理論⋯⋯。如果個人脫離了社會，他的生活⋯⋯將截然不同。有很大一部分的他根本不會存在。

這背後的想法是：每個人既是受到珍惜的個體，也是可持續發展之社會團體的成員。儘管公私領域的區分依然存在，個人的社會面向是他自我存在的核心，無論作為施予者或接受者。霍布豪斯提倡工資和生活報酬的公共權利，支持失業與健康保險（英國自由黨政府於一九一一年引進），並且也是早期普發老年津貼的積極擁護者。儘管如此，國家並不是要跟個人的創新精神競爭，反而是藉由物質財貨的重新分配來滋長它，為那些因個人不幸或不公平的社會安排而處於劣勢地位的人提供生活機會。只有這樣，自由社會才算為其成員履行了基本責任。

霍布豪斯對社會和諧的看法，以及人類理性對共善的理解趨於一致的觀點，都是一種道德理想，支撐了他對克服衝突的信念。第一次世界大戰爆發後，戰場上充斥暴力，過度干預的國家再度興起，這不免動搖了他先前的樂觀信念，不過並未造成實質上的改變。

約翰．霍布森（一八五八—一九四〇）

霍布森的論述雖然不像前面討論過的幾位哲學家那麼嚴謹，他卻是同一世代新型自由主義者當中最具原創性和想像力的。霍布森是位獨立作家和記者，也是具有影響力的社會評論者和經濟學家。他因預示了某些凱因斯的經濟理論而成名，而對大英帝國主義的嚴厲批判也造就出顯著的公眾印象。霍布森認為，過度儲蓄和財富分配不均限制了英國人民的整體購買力。窮人最終欠缺足夠的收入來維持有尊嚴的生存，隨之而來的消費不足不僅造成個人的苦難，也導致經濟危機；但另一方面，富人卻累積了過多的財富，遠遠超越他們能夠花費的量能。帝國主義在一定程度上是這種不當分配的結果，因為金融資本家和製造商轉往海外管道以投資多餘的財富，進而助長經濟貪婪、侵略攻擊與軍國主義，並運用殖民地的政治控制來達成這些目的。

然而，霍布森的激進主義強力指向國內外。透過廣泛的新聞和演講活動，他傳播了社會改革的進步思想，許多內容對二十世紀英國福利國家的意識形態與實務產生影響。如同其他自由主義者，他終其一生致力於人類個體和社會本質之間的平衡。這當中包含了確認社會也是價值的創造者，兼具生產者與消費者的角色。相較於他的同事，霍布森認同的是更為鮮明的社會有機理論。其大膽思維超越了好友霍布豪斯的觀點，相信社會有自己的生命與目標，就跟它的成員一樣。然而，他也熱切主張這樣的有機類比其實強化了自由個人主義。唯有透過民主安排，滋養每一個體的福祉，確保他們表達自我的機會，如此才能促進整體的健康。

《自由主義的危機》（一九一一）最能顯現霍布森對自由主義思想的重大貢

獻。該書揭示的自由主義福利願景是當時最先進的想法，主張「未來的自由主義必須全心投入更完全、更積極的自由」。他認為，自由主義國家應該提供人們無法自己取得的所有必要條件與物品，讓個人得以自由發展勞動的創造與個體的藝術層面。霍布森寫下一段令人記憶深刻的文字：

自由主義現在正式地致力於一項任務，明確涉及一種國家的新概念，著重在它跟個人生活和私有企業的關係……。從最能展現其與早期自由主義連續一貫的立場來看，它呈現出對個人自由更完整的理解和實現，包含在為自我發展提供均等機會的概念中。但這樣的個人立場，必須與社會的公正理解相結合；也就是堅持這些自我發展權利的主張必須依社會福利的主權而調整。

他進一步闡述：「自由的土地、自由的旅行、自由的權力，以及自由的信譽、安全、正義和教育；除非他擁有這些自由，否則沒有人可以『自由地』享有當今文明生活的完整目的。」

跟他的左派自由主義夥伴一樣，霍布森煞費苦心地指出新型自由主義與社會主義有很大的不同，因為它既拒絕普遍的公有制，也拒絕社會主義者被認為提倡機械化、平均化和集中化的傾向。然而，現代對意識形態的研究否認意識形態之間存在嚴格且不可穿透的界線。一個世紀以前英國認同的自由主義形式，骨子裡其實就是廣義的社會民主。自由主義的社會民主變異版本，明顯位於廣大自由主義家族的範圍之內，即使政黨之間的激烈競爭往往模糊了這種隱微的差別。

除了上述四位英國自由主義思想家之外，我們需要稍微回溯一下，承認瑪麗・沃斯通克拉夫特（一七五九—一七九七）對自由主義的重大貢獻。沃斯通克拉夫特是位政治評論家、作家、教育家和道德哲學家，深切相信人類理性，並認為自由和政治權利是理性不可或缺的要素。她對早期自由主義傳統的主要貢獻可見於其名著《女性權利的辯護》，書中主張婦女必須接受教育才能變得理性且獨立，進而大幅改善做為賢妻良母及良好公民的社會角色。雖然就當時而言已經是非常先進的論述，但二十世紀的女性主義者與傳統的角色分配保持距離，也不認同沃斯通克拉夫特要女性效仿男性的想法。不過，沃斯通克拉夫特依然是倡議婦權與平等對待女性的主要先驅：

> 我承認，婦女可能有不同的職責要履行，但這是人類的義務，規範其履行的原則……必須是相同的。要受到尊重，發揮理解力是必要的，沒有其他基礎可以造就獨立的人格。

沃斯通克拉夫特得出結論：「讓女性分享權利，她就能向男性的德行看齊，因為解放的同時就必須變得更加完美。」

更寬廣的自由主義之網

雖然英國可謂自由主義思想重鎮，但在歐陸和美國也出現了各具特色的重要版本。接下來，我們將瀏覽一些代表人物。在法國，班傑明・康斯坦（一七六七—一八三〇）是最早使用「自由主義」一詞的思想家之一，他專注於兩個特點。首先是關於自由這個觀念從古代轉型至現代的理論，涉及如何因應十九世紀社會複雜的商業實務歷程。對康斯坦而言，這意味著小社群中央權威的衰落，取而代之的是我們現在所稱的文明社會，獨立且具社會流動性。自由主義體現於個人自主機會與選擇的增加，以及為所有人生產豐足產量的商品。然而，這並不像二十世紀某些自由主義哲學家宣稱之自由主義的內在普遍主義；相反地，它是一種經驗性的觀察，針對自由主義在不斷轉變之社會情境中的歷史變化。

第二項特點是法律之前人人平等，強調憲法代議、和平及不受獨斷政府箝制的自由。與上述特點相結合，康斯坦特別抗拒政府對經濟事務的干預，認為商業社會要在自由放任的環境下才能發揮最大的功用。至於代議的需求，則反映出個人致力於創造財富因而無法直接參與政治。不過，極為關鍵的重點是，創造財富是為了讓個人有辦法從事文化和精神上的追求，保留住自由主義被認為應該實現的文明層面。康斯坦如此解釋：

現代人的目標是在私人愉悅中享受安全感；他們稱為自由的東西，是要機構制度能夠保障這些愉悅……我在此重述，個人自由才是真正的現代自由。政治自由是為保障這種自由，因此不可或缺。但若要求今日的人民跟過往一樣，為了政治自由而犧牲掉整個個人自由，那毫無疑問地，人民會跟個人自由徹底脫離；一旦發生這種結果，政治自由的剝奪也跟著變得輕而易舉了。

接近十八世紀末，德國哲學家和語言學家威廉・馮・洪堡發表了一部論限制國家干預的專著；相隔半世紀後譯成英文，對彌爾產生了深遠的影響。這部作品第二章開頭的句子在彌爾的《論自由》中被完整引用：

人的真實目的，或說由永恆不變的理性所決定、而非由模糊短暫的欲望所提示的目的，是將各種力量發展至最高、最和諧的境界，進而形成完整一致的整體。

對洪堡（及對彌爾）而言，自由與多元是個人完整發展的兩個先決條件。跟當時許多德國哲學家一樣，文化、教育和啟蒙（涵蓋於德語詞彙「陶冶」中）被視為完整生命的核心要素。這使得道德和智識力量的培養成為可能，並完全置於自發性活動的框架中。最重要的是，洪堡呼籲盡可能解除政治與法律上的束縛，以促進個人的自由和進步。就某種意義而言，這樣的理論對英國人來說恐怕比對德國人容易理解與接納。英國的政治思想從現代初期就一直強調個人行動的自由，除非會對他人造成傷害；德國的政治思想則逐步發展出對法律角色，以及法治的深層尊重，引導個人行為朝向被認可的理性目標，無論是否在自由主義的背景脈絡之中。不過，就另一層意義而言，堅持實現一定程度的文化，為自由建立適當的時機，進而極小化國家的干預，這也成為德國政治思維的基石。

德國頂尖的社會學家馬克斯．韋伯（一八六四—一九二〇）呈現出自由主義的另一個面向。藉由對德國資產階級和國家的社會學與歷史分析，他得出以下結論：為了保護社會免受極端官僚化的侵害，必須有負責任、盡忠職守且具道德性的領導階層出現。他認為，具有魅力的領袖將成為個人主義的保證人，得到尋求摧毀政府威權模式的大眾民主的部分支持。這種菁英式的自由主義凸顯出一個鮮少被自由主義者承認的議題：自由主義乃中產階級的產物，其價值——無論進步分子如何嚮往——往往是由文化中的少數群體（受良好教育、政治敏感度高、以及相對富裕的人）所選擇與制定的。它當然也是一種尊重法治的自由主義，但並未顯現強烈的平等主義。

韋伯及同時代的弗里德里希．瑙曼（一八六〇—一九一九）的自由主義，瀰漫著一種濃烈的民族主義色彩；這在其他形式的自由主義中被淡化了，雖然並非完全沒有。誠然，民族自決可說是十九世紀歐洲自由主義的基本方針，但韋伯和瑙曼的論述超越於此，展現出對民族權力和興旺昌盛的熱情。然而，民族不是單純的聚積體，而是蘊藏國家技能、專業、風氣和精神的寶庫；或者以韋伯的話語來說，是其「根深柢固的心理基礎」。民族國家乃平衡理性國家與經常不理性或非理性之「大眾」（Volk）行為的場所。瑙曼為德國的自由主義道路增添了另一條支線：更具社會性的變異版本。他對計畫、組織和實現福利目標的興趣認可了經濟現代化的力量，以及整體社群對工業與科技進步的需求。不過，把這些考量優先於個人的道德發展，讓瑙曼幾乎跌出自由主義領域的邊緣，只因他對個體人格發展的關切才勉強拉回。

在義大利，貝內德托・克羅齊（一八八六—一九五二）為歐陸自由主義展現了更寬廣的視野，而不像德國自由主義者的版本，局限於具體歷史與社會學的關注。克羅齊是哲學家，偶爾投入政治事務，曾鑽研黑格爾並受其影響。原本支持法西斯主義，但後來轉向倡導自由主義。在他的論文集《政治與道德》（主要撰寫於一九二〇年代）中，克羅齊認同一種宏觀的自由主義概念，不將它視為特定的政治學說，而是「對世界與現實的完整觀念」。不像其他多數知名的自由主義理論家，克羅齊在自由主義中看到了神聖智慧及更高道德性的表達；但它也拒絕社會主義為追求立基於共同人性的平等而採取「數學與機械性的」傾向。事實上，自由主義者可以接受擁有和分配財產的不平等，只要不會壓制懷疑與批判的精神。儘管人類努力改進，但他們畢竟是不完美的，且容易犯錯。

這種人性角度的自由主義版本，以不可挑戰之道德規範反對自由主義的實驗與試探。克羅齊反映出其唯心主義思想呈現的辯證張力，以及敏銳的自由主義者已認知到的人類行為的不確定性和脆弱。這遠遠超越彌爾和霍布豪斯較為平順的人類演化觀點，克羅齊將挫折、掙扎與對抗視為自由主義必須面對與留意的現實世界元素，並期許自由主義的精神終將克服這些挑戰。在義大利法西斯主義和各種型態的歐陸威權主義興起的背景下，克羅齊的觀察顯得格外深刻：

> ……自由主義心靈將自由的退縮和反動的時代視為疾病和成長的關鍵階段，視為自由永恆生命中的插曲和步驟……。自由主義的概念並不適合怯懦、怠惰及和平主義者，而是冀望詮釋兼具勇氣和耐心的抱負、善戰和慷

慨的精神，並熱切渴望人類的進步，同時又充分認知其中的勞苦與歷史過程。

義大利語言實務中對liberalismo（政治—倫理學上的自由主義）和liberismo（經濟上的自由放任主義）的有效區分，正是克羅齊與義大利經濟學家暨政治人物路易吉・埃諾迪[1]之間著名爭辯的核心。liberalismo與自由主義發展成熟的政治和倫理概念息息相關，liberismo則指涉其經濟與自由企業的面向。在德語的脈絡中（法語甚至更為明顯），從以前到現在都傾向將兩者混為一談，這也是埃諾迪的主張；反之，克羅齊則試圖將它們區隔開來。如同我們在第三章所探討的，經濟自由主義本身是否包含足夠元素可成為較完整的自由主義家

1 路易吉・埃諾迪（Luigi Einaudi, 1874- 1961），義大利經濟學者與政治人物，一九四八—一九五五年間，擔任義大利共和國總統。曾任教於都靈大學，擔任《經濟史評論》編輯，並撰文鼓吹自由主義經濟政策，主張取消貿易保護主義。戰後掌理義大利銀行，為制憲會議成員，有效抑制通膨，爾後成為總統。

族成員，這確實是有爭議的。克羅齊的陳述簡明扼要：「一旦我們賦予自由企業制度規範性的價值，困難會隨即出現。」這與政治—倫理學上的自由主義產生衝突，後者自有一套不同的指引規範，並非立基於利己主義和享樂主義的效益考量。

卡洛．羅塞利（一八九九—一九三七）是義大利的社會主義思想家和行動分子，最後在墨索里尼授意下遭到謀殺。敵意與壓迫確實是孕育歐陸少數異議人士的沃土，他們即使在面臨個人生命威脅時，依然有勇氣表達反極權主義的論點。除此之外，羅塞利之所以引起關注不只是因為其思想的實質內容——畢竟他或許還稱不上是主要的思想家——還因為他闡明了從比較性的角度來區隔左派自由主義所遭遇到的困難。左派自由主義與溫和社會主義、或社會民主之間的界線具有高度穿透性，這些相鄰的意識形態立場所占據的空間重疊性很大。克羅齊曾對霍布豪斯及其引用的「自由社會主義」（liberal socialism）一詞表達敬意，儘管「社會自由主義」（social liberalism）才更能準確地描述霍布豪斯的立場。羅塞利在一九三〇年出版了《自由社會主義》，自此嶄露頭角。他從自由在道德上的吸引力洞悉社會主義的本質，並且像克羅齊一樣，試圖鞏固一種反對法西斯及國營經濟的智識與政治立場。羅塞利與其他社會民主主義者——如德國的愛德華·伯恩斯坦[2]——都有一個信念，認為溫和的社會主義是自由主義價值的繼承者，並更能有效運用。立基於民主實務與自治的政治自由主義不再仰賴教條式的自由市場，這樣的政治自由主義將創新與進步的可能性引入社會生活：

就其本質而言，社會主義是人類自由觀念與正義的逐步實現⋯⋯。以最直

2 愛德華·伯恩斯坦（Eduard Bernstein, 1850-1932），德國社會民主黨宣傳家、政治理論家和歷史學家，是最早嘗試修正馬克思信條的社會主義者之一，例如放棄資本主義經濟即將崩潰和無產階級奪取政權的想法。被稱為「修正主義之父」的伯恩斯坦雖然不是傑出的理論家，但他設想了一種將私人主動性與社會改革相結合的社會民主主義，修正主義最終也成為社會民主黨的意識形態。伯恩斯坦一九〇二年當選國會議員並多次連任，反對戰爭，一戰後擔任經濟和財政大臣，溫和的社會主義者成為黨內受敬重的顧問，也啟發許多計畫，卻無力阻止希特勒奪取政權，死後不到六週，他寄予厚望的民主國家就被希特勒的獨裁統治接管。

接的意義來說，自由主義可定義成一種政治理論，它將人類精神的內在自由視為既定條件，並以自由作為終極目標，同時也是人類共同生活的終極手段與規範……，在共同生活中確保每一個體能夠充分發展其人格……。自由主義不把自由設想為自然事實，而是一種形成和發展。人並非生來自由，而是成為自由的。一個人能夠保持自由，是藉由維繫積極與警戒的自主意識，不斷行使自己的自由……以自由之名，（社會主義者）希望引導社會生活的不是個人效益的利己標準，而是社會性的標準、集體良善的標準。

上述想法與英國自由主義者的許多觀念相符：個體的發展、人格的社會塑造、對共善的追求，以及社群生活由個人支配的主張——同時也與克羅齊產生深刻的精神共鳴。

美國哲學家和教育家約翰．杜威（一八五九—一九五二），也是對與歐洲迥異的文化環境做出回應的自由主義理論家。首先，二十世紀的美國自由主義不尋常地結合了進步主義和民族主義，赫伯特·克羅利[3]的著作對此有明確的闡述。同時，美國自由主義的內涵比歐陸民主體制所呈現的還要消極，這表現為一九三〇年代新政之後大型的、干涉主義的政府，最糟的狀況會削弱個人的主動性與獨立性，或者侵蝕在政治紛爭中採取強固立場的能力。杜威屬於一般被稱為實用主義的哲學思想學派，其方法有強烈的實證性質，一切立基於經驗，這點在《自由主義與社會行動》一書中清楚可見。在他眼裡，自由主義是一套實用的思想，相對且受歷史制約，而不是包含有待揭露之永恆不變的真理。

杜威反對個人與政治社會的區分。雖然他讚揚格林及其後繼者等英國哲學家的成就，認為他們宣示了自由主義理想為共善、自由、個體性，並要求讓每一個體得以充分發展自身能力，但他依然堅持自由主義的價值是具體的集體活

3 赫伯特·克羅利（Herbert Croly, 1869-1930），美國作家、編輯和政治哲學家，《新共和》雜誌的創始人。他指責美國人的自滿情緒，並認為民主制度須不斷修正以適應時代的變化，自稱「新民族主義者」，希望透過強大的聯邦政府來彌補相對薄弱的國家機構。他最重要的作品 *The Promise of American Life* 影響了老羅斯福總統和威爾遜總統。

動的結果。推動自由主義的是人類智能，而非抽象的精神本質：

我們必須在政府行動的直接領域之外，並在公眾關注的情況下，開展一套具有大量特殊性的自由主義計畫；然後，徹底的自由主義類型的直接政治行動才會隨之出現……今日，多數自稱自由主義者都致力於這樣的原則：有組織的社會必須運用權力建立能讓眾多個人擁有真正自由的環境，而非單純法律上的自由。

杜威將人性化的自由主義帶入實務中，讓它得以從過去自然權利理論和政治經濟學教條主義式的僵化限制中解放出來。自由主義要求納入經濟活動，但杜威對資本主義嚴厲批評，他認為經濟活動必須從屬於個人更高的能力。事實上，經濟生活的管道所激發的進取與活力經常被誤以為僅僅適用於經濟領域，排除了它們在「友誼、科學和藝術」中的存在。尤其是杜威堅持，個人行為無法脫離人類的交往連結，這讓人不禁想起霍布豪斯所言之互助與容忍，以及需要「集體社會計畫」的有機性相互依存。杜威的經驗主義還確認了自由主義的另一項特徵——儘管可能與其他意識形態共享——霍布豪斯對此也曾以較為隱晦的形式說明：自由主義的觀念要能付諸實現，其中的情感強度是必要的。在政治意識形態中單靠理性是行不通的，即使自由主義亦然，除非有熱切情感的支持。

本章最後要針對弗里德里希・海耶克（一八九九—一九九二）的思想進行評論。他是一位經濟學家、哲學家和政治思想家，於一九七四年獲得諾貝爾經濟學獎。在自由主義發展歷程中，海耶克無疑是個爭議性的人物。他確實闡釋了自由主義者在智識傳承上的持續掙扎與論戰。究竟海耶克是個自由主義者（他自己一直如此宣稱）、保守主義者、放任主義者或前述綜合體，這本身就牽扯到意識形態與學派詮釋的問題，而他也對此做出了積極的貢獻。他的角色呈現在兩個層面：他自己對自由主義歷史的解說，以及對自由主義和自由地位的實質論述。

對海耶克而言，自由主義的全盛時期是十九世紀中葉。他在為義大利《二十世紀百科全書》撰寫的引介文章中，拒絕克羅齊對liberalismo「政治—倫理學的自由主義」和liberismo「經濟的自由放任主義」的區分，主張法律下的自由就足以涵蓋個人的經濟自由。與格林的想法大相逕庭，他認為自由主義的自由是一種消極概念，指的是沒有邪惡，揚棄那引導個人朝向特定目的和利益的邪惡政府。海耶克主張，自由主義從一八七〇年代開始衰落，因為從那時起（特別是在二十世紀初的新型自由主義底下）「進行了社會政策的新實驗，令人懷疑能否與舊的自由主義原則相容」。海耶克深切支持那些聚集自由、法律與財產的舊原則。他將福利自由主義詮釋成對自由主義原則的背離，並將進步的信念駁斥為「膚淺心靈的標誌」。

我們在這裡遇到了隨著時間變化的恆常問題：究竟自由主義（或任何意識形態）是一套基本信念、一個具有原始典範的學說，只可惜後繼衍生出可悲的偏差；又或者如杜威所言，是一套環繞著鬆散的價值核心持續演化、不斷改變的觀念呢？海耶克堅定支持前者。然而，他拒絕觀念會變化的理由，跟那些確認自由主義核心有純粹、抽象原則的哲學家不同——腦中浮現的哲學家包括最近的約翰．羅爾斯和羅納德．德沃金[4]。對海耶克而言，這是嘗試與試驗的問題，檢驗哪種自由主義的主張最為有效；但是，一旦問題獲得解決，就不再有改變的空間。

自由在海耶克作品中的核心地位來自於他相信人類天生的自發性，以及自我生成的社會──經濟秩序──海耶克稱之為市場自發性秩序。人類的知識是分散的，不能由任何單一主導權威掌控，包括國家在內。依據單一計畫或藍圖統籌引導所有的經濟活動，將災難性地消除創新的個人之目的性和理性，並讓可為社會服務的觀念交流──實際上就是觀念市場──變得貧瘠不振。這是海耶克擁護之第二層自由主義中充滿活力和樂觀的成分。因此，個人自由對經濟與社會繁榮至關重要，所謂進步不能由中央策畫打造，而社會正義在詞語上就是矛盾的。海耶克在此，借用「開放社會」一詞來描述自身立場。就更寬廣的自由主義進程而言，他在自由主義核心擴展了自由概念的空間（已詳述於第四

4　羅爾斯和德沃金的哲學自由主義詳見第六章。

章），但也犧牲了許多自由主義的核心概念。海耶克持續維護的只有有限的憲法權力，以及作為實驗創新之個體性的特定觀念：

自由主義……僅要求決定不同個人相對位置的程序或遊戲規則是公平的（或至少沒有不公平），並未要求此過程對不同個人產生的結果是公平的……

所有自由主義的基本假設或許都源自於以下的中心信念：如果我們不依賴誰來運用他擁有的知識，而是鼓勵人與人之間意見交流的過程，那麼出現更好的知識是可以期待的，進而可預期社會問題能獲得更成功的解決。

第六章　哲學性的自由主義：理想化正義

基本假設

自由主義還有另外一個平行且部分獨立的思想理論世界，幾乎完全處於學術高牆之內。自由主義的政治哲學是自由主義語言中一個特殊的子集合；儘管英國哲學傳統有深厚的根基，但它近年來的表現大抵來自美國。這些論述與美國特有的憲法安排產生共鳴，並受惠於美國出版界遍布全球的龐大力量及頂尖大學的豐富資產，以至於經常被誤認為它們代表了整個自由主義。更重要的是，現在自由主義的政治哲學，已經成為當前自由主義理論化的主要創造和探索範例；即使有點諷刺地，其本土內涵也經常在更廣泛的美國政治論述中遭受攻擊。自由主義前一次的興盛時期是出現在一個世紀前英國的新型左派自由主義，但那大多深陷於實際的政治生活和改革中，呈現出以行動為導向、受群體支持的政治意識形態應該具有的模樣。如果第三章將自由主義視為一組不連續且相互重疊與強化的具體政治參與史，那麼哲學自由主義的政治影響力將被其基本前提部分消解。大抵上，這是一種抽象、理想型的規範路線，訴諸表面上超越政治、普遍通用、去脈絡化的社會倫理，所有具備正常心智的個體都應該以此為目標。不可忽略地，二十世紀還有另一個宣稱屬於自由主義的蓬勃思想——「新自由主義」，不過此宣稱是值得挑戰的，這將留待第七章討論。

哲學性的自由主義提出論述，聚焦於幾個核心領域以建構合理且具道德吸引力的社會安排。首先，最具主導地位的議題是如何形塑一個公平正義的社會。其次，假設個人是理性、自主並具有目的性的行為主體，自由主義的設計就是為了提升這些特質。第三，要為所有成員都認可的合宜社會尋求正當性。為此，它強調決策過程的大規模參與，並在訴諸人類理性和公平的基礎上，提出社群政策可以達成大致共識的前景。第四，許多論述對國家抱持特定的看法，認為需要委以確保一項政治目的：對公民持有之不同的良善觀念保持中立。

上述所言意味著我們必須為人民提供表達偏好的機會，這需要透過三重過程。首先，個人不僅應該有投票權，還要有發聲的管道，應該鼓勵他們清楚表達自己的看法，不受任何阻礙。其次，應該說服人們在公共生活中扮演一定的角色，如此才能掌握自己的命運。也因此，必須設法促進積極的政治參與。最後，人們應該以自己希望被尊重的方式同樣地尊重他人——這就是所謂的「肯認」（recognition）。肯認在接受個體獨特性、尊嚴和價值上具有象徵性的意義，但它同時也對財產和利益的分配產生實質上的影響。所有這些自由主義的原則都可以透過理性與道德直覺發現。

哲學自由主義具有強烈的普遍性，並勇於設立道德真理。它不認為自己只是在眾多意識形態中競逐優勢地位的一員，而是作為個人美好生活和社會文明生活的規範，本質上超越了政治鬥爭的偶然性。它實際上是一套高尚的道德系統——以此而言，自由主義確實就是一種與政治隔絕的社會倫理學。然而，它發展出令人印象深刻的說服力，這種說服力往往超越自由主義較為平凡的表述，使之黯然失色——至少對智識性較高的自由主義愛好者而言是如此。

這些方式並不是全新的。幾個世紀以來，這種分析哲學的模型已經用一種直接、普遍的理性訴求，將自由主義固定在理想人類行為的框架中，表面上完全去脈絡化，與變幻無常的生活脫離。社會契約理論為創建一個政治社會奠定了基礎，這個社會依靠某些關於人類本質的觀念，亦即認為人類本質上是理性且厭惡衝突的。從人類發展的心理學角度切入，顯示出將自我利益極大化的衝動，可妥善運用於對所有人都有益的社會。近幾十年來，自由主義的政治哲學作為一個小型的智識產業，經歷了一段格外風光的榮景。它特別擅長於製造思想實驗來啟動公平分配關鍵物品的機制。這些實驗假設了規避風險的人會為自己和他人設想什麼樣的機制，如果他們在原初狀態對自身的社會條件和多數能力一無所知。

羅爾斯的哲學實驗室

二十世紀的哲學自由主義中，最具影響力的領導理論家是約翰．羅爾斯（一九二一—二〇〇二）。他的名言：「正義是社會制度的首要美德」，在重新調整自由主義的價值取向上引起了廣大共鳴。其他的自由主義版本，可能會把首要德行放在自由、隱私、福祉、進步或個體性。對羅爾斯而言，自由主義的本質有兩個要素：一個是自由意志，另一個則是平等主義。自由意志的成分渴望讓個人更有能力對自己的生活做出選擇，這些選擇不僅是自由的，而且是經過明智反思的。這個要素是我們在第四章提及之自由的自主性概念。至於平等主義的成分，可說是羅爾斯對自由主義理論最具創造性的貢獻。它堅持要滿足社會正義的基本條件；也就是說，要賦予個人必要的資源——若缺少這些資源，實際上就幾乎不可能追求自主性的目標，過著自己選擇的美好生活。這裡隱含的不只是要確保所有社會成員擁有平等的自由，還要求有用物品的重分配，設計讓處境最不利者得以受惠，在其他人從中受益之前，弱勢者擁有資源和服務的優先權。倘若個人身處的條件是純粹運氣導致的結果，一個公正的社會應該讓相對不幸者獲得補償。這種運氣可能是遺傳的，或者是反映出地理區域的豐饒程度，也可能是一個人出生家庭所擁有的工具資源。然而，若要作為政策指南，所謂「處境最不利者」依然是個難以指認的類別，畢竟要同時考慮財富、健康、智能和美貌等不同尺度——而這還只是眾多決定人生機會顯著標準的幾個例子而已——是很難確認哪個人占據了最不幸的位置。因為我們可能在某方面處於優勢，但在另一方面卻有所欠缺，這種比較永遠沒有定論。

羅爾斯的自由主義版本會從正義走向公平的概念，並非偶然。他以較為收斂的方式取代了社會整體正義的華麗表述，從個人希望自己如何被公平對待的小規模反思開始建構，並將這樣的反思推演至所有人。他運用的思想實驗立基於方法論的個人主義；也就是說，將單獨的個人作為分析單位，並抽離其社會環境。在羅爾斯所說的「原初狀態」中，每個人都被一層「無知之幕」所遮蔽，對自己的許多特性，包括其社會地位、所屬族群及人生機會都一無所知。然而，即使在無知之幕底下，個人還是被賦予了兩項特質：理性和規避風險。除此之外，個人還擁有兩種先於社會的道德力量：正義感和對良善的概念。具備這些屬性的個人被期待可以決定他們想要什麼，不僅為自己也為他人。對羅爾斯而言，這是探索公平政治體系應該如何的最佳方法。

上述第二種道德力量涉及個人建立、修正並追求自身理性利益或良善概念的能力，雖然它忽略了其他自由主義觀點逐漸接受的事實：人們也受到情感和非理性因素的驅動。如同第七章會詳加說明的，情感是思想和行為的重要成分，即使在自由主義家族亦然。哲學自由主義者熱切期盼個人在智識上，以及特別在道德上，能夠充分發展。他們很少關心福利國家自由主義者納入其思想的人性弱點，也不重視促發動機的情感，這些熱情有時會增強、有時會削弱人們的道德感。或許，很少人真的願意承受反覆評估自我生活計畫的負擔，一九〇七年，即將成為英國自由黨首相的赫伯特．阿斯奎斯[1]對此提出相當出色

1　赫伯特．阿斯奎斯（Herbert Henry Asquith, 1852-1928），英國自由黨政治家，曾任內政大臣及財政大臣，一九〇八至一九一六年出任英國首相，任內爆發第一次世界大戰，後因反對與保守黨合組聯合政府，兩年後由勞合．喬治接任首相，而戰時聯合政府則被保守黨主導。他是自由

的論點。當時他參加了格林的講座，但對這位哲學家傳遞的訊息有所懷疑，因而如此評論：「我相信每個人在面對國家機器時，都有充分發展自我的權利；但我也相信，個人是容易受限的，即使未能展現最好的自我，也不會對社群產生妨害或威脅。」無論如何，對羅爾斯而言，無知之幕下兩種道德力量的功效是要創建一種公平的秩序，由作為社會充分合作之成員的自由平等個體來完成。局部性的衝突與異議被極小化，因為理性合作被提升至社會生活的預設位置——這是人類行為的規範。

自由主義的平等主義成分——在較早的各層自由主義中很少居於核心地位，即使只是隱涉性的亦然——近來已被許多哲學論述移轉到舞台中心，因為當今所說的自由主義社會，被認為是要確保每個成員都有充沛的管道取得重要的社會物品。這種自由派的平等主義通常沒有社會主義計畫中的激進平等。它滿足於確保人類生活的最低限度，並透過公私部門混合的重分配措施——包括國家、雇主行為準則，以及慈善機構等志工組織——來縮小幸運者和劣勢者之間的差距。但某種程度的財富差異是被允許的，儘管它多少會影響到人生機會。無疑地，在考量自由主義家族對自由、平等和正義有許多可能的含義之下，羅爾斯式的規範原則——作為自由主義實際與歷史性先決條件和目的的描述——似乎合理可行。然而，與其他多數自由主義方案相比，這種約定性的願景（羅爾斯偶爾稱之為「現實的烏托邦」）顯得更為基本重要，任何公平合宜的社會都應該致力執行這種安排。值得注意的是，與許多政治理論家不同，當今的哲學家傾向於用單數而非複數來指涉自由主義，因為已經沒有必要再為觀念詮釋和價值順位論辯。自由主義被視為一種淨化機制，可過濾出自由且井然有序的社會公認的規範條件，並能確保其長期穩定。

左派自由主義與理想型自由主義

羅爾斯的哲學自由主義與第四層自由主義有某些相似之處。兩者都認同

貿易和社會改革的堅定信徒，一九二五年被授予牛津伯爵頭銜。

一種內部和諧的強烈理念，認為所有正確思考的人都終將匯聚共識；並且也都相當重視有利於社會邊緣和弱勢成員的社會政策。但相似點僅止於此。羅爾斯版本的哲學自由主義以假設性的認定為基礎來建構人類思想和行為的模型，因此能在特定的、想像的、去脈絡化的思想練習中立即實現。第四層自由主義則是從實際努力爭取的激進政策中獲致成果，無論那是多麼不完美，但它見證了福利社會在點點滴滴漸進過程中緩慢崛起。值得注意的是，羅爾斯的分析立基於刻意抽離各種社會群集的個人，因為他相信無知之幕能夠有效地塑造人類行為，並藉以形成社會安排的基礎；反觀第四層自由主義，對社會群集特別強調，認為它對個人的能力和性格有重大貢獻。

許多當代哲學自由主義所呈現出來的強烈個人主義也被用以區分自由主義和社群主義[2]。它涉及一種明顯的區隔：強調能夠獨立地自我實現的理性個體，以及聚焦於個人的社會定錨——包括小團體、鄰近社區或整體社會。然而，這種二分法忽略了自由主義傳統在某種程度上調和了這兩種傾向，特別是在社會自由主義的模式中——許多哲學性的自由主義者似乎並未察覺這種模式。哲學自由主義去脈絡化的永恆性及其對歷史的漠不關心，淡化了變異的社會關係對形構個人的重要性。它也認為下列事實大抵上是無關緊要的：自由主義是必須與其他意識形態爭奪主導權和影響力的一種意識形態，而且自由主義出現在不同文化中時會經歷持續不斷的修改。從歷史和政治的角度觀察，自由主義一直在追求一種難以捉摸的普遍主義（或者以晚近的術語來稱呼，一種全球主義），意圖透過範例與擴張逐漸——但遠非完全——傳播。相反地，哲學自由主義的精妙處在其邏輯上的直接性，以及對認同其倫理願景的人具有強大的說服力。一旦你接受那無懈可擊的道德推理，它就自然而然成為正確的觀點。對於理想型的思維而言，空間和時間是沒有界限的。這並非對哲學自由主義的批判，只

2 社群主義（communitarianism）是一種提倡民主卻與個人主義、自由主義對立的政治哲學，強調個人與群體之間的聯繫，社群在政治生活的運作、政治制度的分析和評價、以及理解人類身分和福祉方面的重要性。這股思潮出現於一九八〇年代，針對當代自由主義（透過政府來保護和加強個人自主權和個人權利），以及自由放任主義（嚴格限制政府權力來保護個人權利，尤其是自由權和財產權）提出批判，最具代表性的學者有加拿大哲學家查爾斯·泰勒（Charles Taylor）和美國政治理論家邁可·桑德爾（Michael Sandel）。

是對不同學門固有本質的評論而已。

這種自由主義的概念要具備什麼條件才可行呢？首先，正義必須是所有人共享的普遍化概念——不能有多個獲得道德敬重的正義理論，彼此在意識形態上競爭。其次，人類無疑是道德和理性的實體。對於羅爾斯式的哲學自由主義者而言，人類理性具有道德強制的必然性：非理性並不是一種道德選擇。第三，正義感立基於一種假設性的、根據普遍的基本規則而來的交疊共識，這或許可以描述為「對的理論」（或「正確理論」theory of the right），而非「善的理論」（或「價值理論」theory of the good），因為它在程序上優先於始終存在於人與人之間實質性的宗教、哲學與道德差異。此交疊共識同時也是「獨立的」；換句話說，它不依賴於本書探討的那種更為整全的自由主義意識形態——或其他任何相關的意識形態。然而，羅爾斯確實承認這與扎根於當前民主政治的特定實務密切關連。換個方式來說，共識的產生是每一理性個體依據自我意志恰巧達成的基本規則，兼具正當性與道德性。同樣恰巧的是，由此產生的交疊共識跟西方民主的某些假設極為相似。這樣的共識成為社會和憲法穩定的關鍵維繫者；對羅爾斯及其追隨者而言，這也是自由主義核心的政治目的。

羅爾斯倡議的縮減版「政治自由主義」遭致「過於細微」的批評，並與其他意圖傳遞激進訊息的自由主義格格不入。它有兩個特點被匡列為不適當：第一，未將個體性或甚至進步的概念納入願景核心；第二，它強調人之所以為人的獨特部分——涵蓋廣泛的心智和道德能力——卻嚴重低估了人類也有的情感與生理特質，這些特質不必然被道德規範所掌握。唯有將上述四種能力結合起來對社會政策發出強力主張時，我們才能實現福利國家自由主義——這表現在二十世紀許多歐洲社會的政策上。相反地，羅爾斯「薄的」政治自由主義能否普遍化，並與其他意識形態或主要宗教信仰體系相容，是值得懷疑的。

自由主義的中立性

其他哲學自由主義者也提出了自己特有的自由主義論述。他們對自由主義中立性的堅持，與那些視意識形態為消弭爭議之概念、價值和偏好集合體的觀點並不相容。它一再地保留私人和公共之間存在明顯區隔的可能性，主張國家應該避免對私人事務發表立場。但自由主義的批評者發現，這種區隔越來越引發爭議，特別是有些事務從某個角度來看是屬於私人的，從另一個角度卻值得公眾關注，例如仇恨性言論或家庭關係。再者，對於現在盛行的實務，無論是否恰當，只要國家保持沉默就等於是有效地姑息它的存在。無疑地，自由主義者相信人類活動的許多領域都應該不受國家的控制與規範，但如果死守這項規則，一些嚴重的濫用行為就可能被忽視與默許。

二十世紀末期，有好一段時間，自由主義的中立學說深受自由主義哲學家喜愛；其中一位代表性人物是羅納德．德沃金（一九三一—二〇一三），他以美國憲法模式為範本。國家中立的論證要能成立，就必須將某些選擇、規則和權利視為在政治之上的，超越人類爭論的範圍。這似乎將自由主義的角色不僅限於保護所有私人抱持的價值觀（無論那是多麼難以接受），更要積極促進其言論表達；這不禁令人想起一句古老的格言：「棍棒和石頭可能會打斷我的骨頭，但言語永遠傷不了我。」這樣的切入方式也讓人想起一種較為老式的自由主義觀點，將傷害局限於身體和法律上的傷害，而非心理和情感上的傷害。

德沃金以其一貫立場堅稱，美國權利法案（前十項憲法修正案）的重大價值在於，它明確地將某些基本原則排除在民主多數決之外。這延續了羅爾斯對迫切的政治需求之堅持：「一勞永逸地確認某些基本政治權利和自由的內容」，因而把它們排除在政治議程之外。雖然作為捍衛自由主義原則的嘗試是可以理解的，但這樣的堅持跟其他自由主義意識形態的說法，都蘊含了菁英主義與政治色彩。根據這種觀點，多數人傾向於將自己的偏好強加於他人，因而潛藏侵害個人權利的危險；而那些關鍵權利必須與支配政治領域的興衰變遷區隔開來，將之安置在難以修改的神聖憲法中。美國憲法及權利法案無疑包含了許多自由主義重要的政治實踐，特別是建立代議原則以及平等對待所有公民。然而，賦予權利法案的政治豁免權助長了一種錯覺，以為最高法院具有不受政治變遷影響的中立觀點。

上述超政治與非黨派立場的詮釋無法成立的理由有兩個：首先，一旦從意識形態分析的角度來看，就沒有所謂無中生有的本然觀點。所有的觀點都體現了文化、社會和個人的偏好。其次，最高法院本身並沒有賦予所有觀點同等價值——它對什麼才算正義的實踐抱持相當明確的想法。意識形態總會表達對美好生活的特定偏好，因此也會依他們認定的價值為社會實務進行排序，而這樣的排序始終屬於政治行為。反對中立性的論述直言：權利法案本身就是觀念、意識形態和文化傾向特定組合的結果，因此遠不能成為對社會有價值事物之中立的擔保者。在此觀點下，自由主義是一種文化狹隘的意識形態——無論多麼吸引人——卻偽裝成具有普遍性。自由主義原本是在歐洲和北美的主導性的思想集群，現在已輸出至拉丁美洲和其他國家，但總會經過當地文化的過濾。然而，這樣的自由主義觀點並不被德沃金及其支持者認同，認為那是社會學的論述，並非哲學性論證。事實上，兩者皆非；它是源自於對自由主義意識形態比較分析的見解，其在方法學上的開放性本身就是自由主義式的。

哲學自由主義者發現，很難把自由、平等尊重或正當程序等權利設想為自己強加於他人行為的權利，或者視之為從更大範圍中選擇的特定價值，因為他們認為這些權利是社會生活普遍、合乎邏輯與道德性的結果。其實，中立性本身就是一種積極概念，部分自由主義陣營大力推廣。宣稱中立的自由主義者在引介這個概念時往往極不中立——事實上他們可能對中立性充滿熱情——在這種情況下，倡議中立根本在詞語上就是矛盾的。最好期盼最高法院能夠公正——沒有偏袒、不帶偏見地處理正義和權利的問題。或許公正這個概念可以與中立區別，畢竟它對法律的美德與犯罪的邪惡有其立場，而公正是在此非中立的框架中進行。然而，當我們考慮到大法官提名經常赤裸裸地展示黨派本質時，即使認知到司法必須受到法律程序規範的約束，不偏不倚的可能性也難以維持。更廣泛地說，正如赫伯特．克羅利以一個世紀前盛行的演化論語言所述：「在任何個別案例中，無論國家偏袒一方或保持公正，它肯定會在前提下發揮積極作用。如果保持公正，那也只是同意遵從物競天擇的結果。」這些問題再次說明了具純粹主義傾向、理想型的抽象哲學自由主義，與將自由主義置於特定時空領域的脈絡化觀點之間存在相當大的緊張關係。所謂特定時空領域乃透過各類文化和不同歷史時代的鏡子來反映人類設計的所有優勢與缺陷。這種反向的策略方法跟政治觀念的哲學研究相對立。我們沒有必要裁定何種方式較為合理有效或較具說服力，只需確認多樣的前提各自證實了何者。

公共生活的標準

當代哲學自由主義的另一項主題，以各種偽裝的樣態偏離了自由主義長久以來意識形態核心的實現。其重點轉向實務性的發展，賦予政治較好的名聲，翻轉整體政治經常受到強烈質疑的風評。因此，自由主義被重新包裝成能夠提供堅定明確的標準，為那些活躍於公共領域的人指引適切的行為方式。在這些公共準則中，最重要的是必須呈現透明度與問責制，反抗腐化和自滿，並以一種能夠觸及社會所有成員的方式為公共政策建立正當性。對於自由主義的核心觀念皆以旁敲側擊的迂迴方式面對。美國政治理論家傑拉德．高斯[3]將此視為公共理性的標準，用以確保「真正自由的政治生活」；英國哲學家伯納德．威廉斯[4]則稱之為「基本的合法性要求」——堅持國家向任何人施予權力時都應據此提供正當性，儘管這其實是不可能達成的理想主義先決條件。許多政治理論家支持上述論點，高聲強調要促進清晰的審議以作為民主實踐的基石，並鼓勵公眾參與政治菁英之間的對話。他們展現出鮮明的轉變，從旨在保護私領域德行的自由主義，轉向振興公共領域的目標；這個過程從一個多世紀以前就開始了，但也同時淡化了其他已確立的自由主義目標。

公共利益、理性、受節制的權力等自由主義的核心概念，依然是此等哲學

---

3 傑拉德・高斯（Gerald Gaus, 1952-2020），美國哲學家，學術期刊 *Politics, Philosophy & Economics* 的創始編輯，主張妥協和漸進的社會政治改革。他的作品討論價值與正義、公共埋性秩序等，高斯在其作品 *The Tyranny of the Ideal: Justice in a Diverse Society* 中認為，對理想的壓倒性強調會導致個人希望實現不可能的完美政治，以至於失去對實際政策的倡導以及選舉期間邏輯選擇的意義。

4 伯納德・威廉斯（Bernard Williams, 1929-2003），英國哲學家，以倫理學和西方歷史的著作而聞名。他是那個時代最多產和多才多藝的哲學家之一，出版了包括討論笛卡兒、尼采和維根斯坦的著作，也觸及關於個人身分、道德與人類動機的關係、社會和政治平等、真理的本質和價值、死亡的意義以及客觀性在科學、道德和人類生活中的作用和局限性等主題。他沒有提出系統的哲學理論；事實上，他對系統理論持懷疑態度，尤其是倫理學方面的理論，因為在他看來，這些理論未能真實反映人類生活的偶然性、複雜性和個體性。

對話的基礎，但比較像是作為合宜與文明行為的指標，而不是指引自由主義政策之實質價值的精華。值得注意的是，如高斯所言，他所代表的觀點乃是將政治視為「藉其他工具延續倫理學」。這種觀點的問題在於，它侵蝕了作為人類思想和行為自主領域的政治基礎，並提高了人們對政治領域的期望，將政治領域視為對倫理規範與美德善行做公正裁決的場所，但這根本是自由主義無法實現的。一個更為現實、靈活又兼具原則性和懷疑態度的自由主義，不免對此產生質疑。在此重申，自由主義在歷史發展中一直積極推動某些選擇，並將公共生活的某些特質視為不可協商的，既不仰賴共識、也不依靠裁決。基本的重點是，包括自由主義在內的任何意識形態，都不能放棄自我承擔的責任，將其確認之價值導入政治生活。政治總是包含了以意識形態自己的方式達到最終目標的驅動力，即使它注定會失敗或只能部分實現。

自由主義的哲學多元主義

另外還有一種自由主義哲學化的形式，主要領導人物包括英國哲學家以撒·柏林（一九〇九—一九九七）。柏林認為價值是多元且分歧的，因此不能相互排序。表面上看來，這跟第五層自由多元主義有些類似，但其實是一種更古老的多元主義。它並非立基於群體本身的族群認同觀念，而是與人類價值及人們合理選擇的道德多樣性相關。對個人擁有的價值給予平等尊重的問題是，它忽略了一個經驗事實：價值排序是政治生活不可避免的特性。如果無法對各種價值賦予不同的重要性，無法宣稱「這個比那個更重要或更有價值」，那就不可能做出任何政治決定。作為一種哲學性的觀察，柏林所堅持的價值不可共量性對自由主義者自有其吸引力（即使如此，他們大多數還是會透過終極權利的名目來捍衛特定價值）。然而，若作為政治特性而言，它並不代表任何實際上的自由主義——這些自由主義為了自身前景，必須在政治場域中競爭，尋求政治語言的控制。

不過，柏林其實明瞭這種衝突是不可避免的，他對極權主義及其衍生之一元論的鄙夷，為其自由觀點增添正當性，他強烈偏好每個人的自由是不同的，而非在普遍理性真理和道德和諧上趨於一致的自由。這裡再次出現了明顯的緊張關係：一邊是所有意識形態展現之消弭爭議的價值與偏好，另一邊則是無所阻礙地開放人類表述範圍的欲求。當自由主義者表達支持第四章所列舉的核心概念時，他們試圖以一種能夠呈現高度相容性的方式，選擇每個核心概念的特定詮釋。同時，他們對那些消弭爭議之特定價值的偏好，以及對其他價值的輕忽，形塑了他們對身處之政治和道德世界的看法。自由主義者或許比較能夠接受那些概念群集的靈活度與調整性，但亦非無止境地接納。柏林鼓吹寬容，但即使自由主義的寬容也有其禁區。當然，柏林自己也有一套價值排序，其中（消極）自由是最主要的概念。因此，他無法容忍任何損害它的企圖。面臨緊急狀態時，偏好排序勢必在政治與公共生活的每個具體實例中出現。這恰好與自由主義哲學家擁護的中立性相反。然而，如同柏林所堅稱，普遍通用的解決方案忽視了「扭曲的人性之材」[5]。這就是為什麼道德與政治選擇的權利和能力，在他的自由主義中占據了主導性的地位，即使實際上的選擇可能被誤導。

哲學自由主義是一個關於論證、評議和觀念實驗的複雜領域。沒有從內部不斷地注入批判思維，任何信念都無法健全地存留。政治哲學家透過嚴密審視推展了自由主義的邊界，同時也反覆嘗試解決具有重大社會意義的迫切議題——要如何才能讓政治體系具有合法性？公民不服從在什麼樣的狀況下具有正當性？是什麼讓個人值得以公共財的形式獲得獎勵？我們應該補償個人的不幸嗎？哪些民主實踐對民主的維持最有利？我們要怎樣調和文化、種族的忠誠與自由選擇和個體性？哲學自由主義經常限縮並定義解答這些問題的範圍，在這範圍中答案是可以、且應當被發現的。然而，當一些政治實務者相信能明確解決議題的方案時，他們可能會發現，自己已經跨越了自由主義及其挑戰者之間的穿透性界線——特別是在人類完美的烏托邦與自由主義認可的不完美之間。

5「人性這塊扭曲的木材，不曾造就過筆直的事物」，這句出自康德的話多次被以撒·柏林引用，駁斥想要以普遍方案來解決人間事務的方式。

第七章 濫用、貶抑和背離

意識形態是多變又不穩定的東西。它們可能猛然跨越合理的界線；可能落入政治之手而被濫用；可能過度狂妄而讓許多支持者困窘尷尬；可能與政治現實完全脫節；或者，可能像從魔術帽中拉出一隻隱喻性的兔子，傳遞出遠遠超乎預期的訊息。上述種種現象，自由主義都發生了。

在關於「自由主義是勝出的意識形態嗎？」這個問題的爭辯中，有個主要議題被遮蔽了。我們常常看見，一些顯然不是自由主義的圈子把「自由主義」一詞當作修辭來使用；為了滿足自身意識形態的目的，他們頻頻以鬆散的、受局限的、且特定傾向的方式來表述自由主義。有種意圖可能是非自由主義者熱中於讓人們吞下的苦藥，可以在自由主義的保護傘下變得甜美。近年來，許多右翼和民粹主義陣營採取了這種路線。另外一種意圖可能是要讓自由主義顯得荒誕不經，令人產生敵意——創造排斥的氛圍，更容易襯托出反面的立場。這樣的路線經常被馬克思主義者和後現代思想家採用。

新自由主義的攻勢

如同前幾章所提及，自由主義最顯著的誤解之一，就是「新自由主義」一詞的引入。在這個案例中，某種意識形態的變異版本披上了競爭對手的外衣，以獲得修辭學上的體面觀感，並進而有意無意地在既有的自由主義版本中攻城掠地。新自由主義者傾向於將世界視為一個巨大且可不受阻礙的全球市場；在此全球市場，交換財貨以獲取利潤凌駕於跨國關係的其他層面之上。對於新自由主義的個別理解當然有不同；但一般而言，新自由主義者把自由主義裡的自由個體（無論是單獨存在或與他人連結）賦予一項最重要的特徵：在經濟上的自我確信。這種獨立自信的關鍵特質是，維持和發展內在於資本主義生產與交易中的經濟力量，開發新的投資領域，並從大量可供消費的產品中獲益。新自由主義者將社會、政治和文化領域從屬於一個宣稱可以自我調節的經濟市場，認為其原則應該足以啟發所有社會活動的運作方式。

就自由主義形態學的角度而言，新自由主義者將自由主義核心的理性概念局限在經濟利益的極大化。他們排除任何天生社會性的想法，並盡量避免提及作為社會進步目的的人類個體性。國家權力主要用於保障商業貿易，而不是去創造人類繁榮與福祉的條件。取而代之的是，市場不受約束的力量得到釋放，進而規避了自由主義受限與當責的權力概念。權力的保留主要是為了保護企業家能夠開展業務，卻輕忽了真正自由市場的目標——自由市場可以開啟所有個體固有的經濟能量和創造力。在最近的論述形式中，新自由主義擁護的世界是讓巨大的跨國公司和大型銀行越來越能控制並支配我們的生活方式，助長一種強制與順從的管理主義。它並不把經濟交流視為促進和平、國際團結等政治目標的手段，反而視政治制度為確保私部門效率與金融繁榮的架構安排。自由主義的普遍主義已經被新自由主義的全球主義所取代，個人的道德滲透也轉換成勢力版圖的經濟吸納。甚至政府本身的主要角色也被重新塑造為貿易的投資者和催化者，而非福利或社會正義的傳遞者。只有當金融危機爆發時，政府才會努力監管銀行業界，但力道依然相對輕微。

在倡導自我調節市場的觀念時，新自由主義已經非常接近保守主義的領域了。保守主義的一個主要特徵是相信社會秩序的超人類起源，反映出源自神性、歷史、經濟或「自然」的成套規則。新自由主義提供了一種從自然平衡系統而來、自信的經濟版本。在這個版本中，當「自然的」經濟規範被輕忽時，企圖讓人們直接且彼此配合的努力很可能觸動災難性的干預。海耶克的啟發在此顯而易見。若從自由主義的層次來看，新自由主義已經與它原本最接近的第二層市場自由主義脫鉤了；這種市場自由主義的意義是滋養一種道德願景，將市場視為文明努力的一環，強調個人才能而非共同的力量。從新自由主義者的言論中，幾乎看不見想實現公平社會之道德使命的痕跡；反倒在新自由主義的政策下，社會不平等的程度不斷攀升。在尋求人類自我提升的過程中，也鮮少有新自由主義者致力於推動進步的引擎。第四層意義中福利國家角色被大幅削弱或移交給私營組織。捍衛個人空間及解放專制的第一層憲政安排被保留下來，但有效地轉向許多極不平等的經濟參與者之間的自由競爭。總結而言，新自由主義者並不具備明確位居二十一世紀自由主義核心地位的最低要件；更有力的說法是，它粉碎了自由主義複雜的形態學，變得幾乎無法辨識。

一九八九年之後的東歐自由主義

一個有趣的面向是在一九九〇年代初期蘇聯解體之後，新自由主義對許多前共產主義國家產生了高度的吸引力。因為缺乏強固的自由主義傳統，波蘭、匈牙利、捷克等國盛行各種混淆的自由主義版本也就不足為奇了。事實上，以自由主義之名展現者，卻被拉往與其名稱截然不同的方向。東歐原本就表現薄弱的自由主義，在後共產主義時代尋求新認同的過程中出現了認同危機：一方面把對個人自由和社會團結的象徵性防衛託付給公民社會，另一方面對競爭和私有財產同樣典型的擁護則隸屬於市場社會。這兩個部分幾乎沒有共通點，各自引領出不同制度與意識形態的生活。

經濟受創於共產主義的國家被新自由主義吸引是可以理解的。大多數公民的個人處境，讓想像中的「西方」消費社會的富裕模式顯得格外誘人，激發公民尋求更有效的經濟體系，能夠產生具體且立即的成果，而新自由主義似乎擁有這種快速解決問題的前景。然而，某些東歐國家採行的是另外一個方向，積極脫離壓迫性的獨裁狀態。在這裡，自由主義者確實必須彌補數十年極權體制所流失的基礎，特別是缺乏第一層基本健全的限制與程序。許多人用自由主義的語言大談人權，以及恢復法治和民主憲政的安排。與共產主義控制下的強勢國家相較，不少自由主義者將希望寄託於公民社會的強化，以作為對抗國家的避難所。「公民社會」成為建構社會公益和私有組織網絡的流行術語，無論在公民、文化或經濟領域皆然。

在這樣的土壤中，仰賴民主國家積極施惠的第四層福利自由主義難以蓬勃發展；因為公民社會和市場社會都傾向於盡可能地削弱國家的中心地位，無論它的行徑是良善或邪惡的。套用波蘭學者耶日・薩奇[1]的話，國家被視為「所有社會不正義的發動者」，這個立場與左派自由主義的意識形態和哲學理論格格不入。集體行為被誤認為舊政權的那種社會主義式的集體主義，因此任何跟集體主義相關（即使只有一丁點關連）的事情都應該避免。

在複雜的現代世界中，認為公民社會可以完全沒有國家控管就和諧運作，這種信念既天真又虛幻，如同自由主義過往的歷史所證實，私人和慈善機構無法解決十九世紀的社會問題。沒錯，新自由主義現在又再次闡述，支配性的私人利益只是為了填補繞過國家所造成的權力真空。同時，東歐公民社會願景所要求的社會同質化程度，會遭到第五層的多元文化自由主義者質疑，被認為是不切實際的烏托邦。另外，把公民社會視為一個平行社會的誤導性觀念，認為如此便可與令人厭惡的政治世界巧妙的區別，這種想法意味著政治議題並沒有

1 耶日・薩奇（Jerzy Szacki, 1929-2016），波蘭社會學家和思想史學家。從一九七三年開始擔任華沙大學教授，一九九一年成為波蘭科學院院士，也在法蘭西學院、明尼蘇達大學、牛津大學等學術機構演講研究，被認為是華沙思想史學派最傑出的代表之一。一九七〇年代，薩奇開始與反對派保持聯繫，雖然他從未成為政治上的活躍人物。

全面滲透整個社會。國家、政府和政治是個別的概念，但經常被草率地相提並論。自由主義未能在東歐深深扎根，其自由思想則被推入個人化和理想化的智識與藝術領域。

偽自由主義者

雖然新自由主義者或許被錯誤地引導而真的相信自己是自由主義傳統最重要的繼承者，但其他社會（特別是在歐洲）卻產生了刻意隱蔽內涵的意識形態。他們以偽自由主義的言詞裝扮自己，不過就像國王的新衣一樣，一旦用形態學的方式檢視，就立刻無所遁形。

蓄意盜用自由主義的行徑成為一種政治武器，用以掩飾某種意識形態的真實意圖，或以其修辭更容易讓人接受。例如：右翼的奧地利自由黨運用了自由主義的語言表述經濟自由，來掩蓋實質推動的另一種「自由」——讓國家得以從外國人和大量移民中解脫。在荷蘭，佛杜恩名單[2]將對同性戀的寬容態度與強烈的反伊斯蘭和仇外政策結合。其繼承者也命名為「自由黨」，秉持同樣混淆的民粹主義傳統，繼續抵制移民融合，也一起譴責第五層意義的社會多元主義。上述案例都將最受重視的自由概念，用來促進據稱是主導性的民族文化，並同時妖魔化不同種族的人。正如俗諺所云：「孤燕不成夏」，一、兩個聽起來像是自由主義的想法並不構成自由主義——尤其背後刻意堆疊了明顯不符合自由主義的觀念。

自由主義的相對成功，以及其最具人道色彩的版本所呈現的寬容與開放，很容易成為意識形態撿食者覬覦的目標，招致民粹或聖戰性運動長久的攻擊。自由主義所展現的不同面貌及其闡述論證的複雜性——相反地，政治行動反而需要簡化——無助於保存自身的完整。然而，這正是任何試圖爭奪政治語言掌

2 佛杜恩名單，為荷蘭政治人物皮姆·佛杜恩（Pim Fortuyn, 1948-2002）所創的政黨。佛杜恩對荷蘭的多元文化主義、移民以及伊斯蘭問題提出極為挑釁的言論，被媒體稱之為極右翼民粹主義；遇刺後該政黨短暫取得亮眼成績，隨後因內部鬥爭而萎縮，支持者多加入自由黨。可參見本系列《民粹主義》。

控權之意識形態的共同命運。

自由主義下的國際主義

儘管新自由主義鮮少被批評者視為自由主義家族的一員，但還有另外一個領域也為自己營造出獨特的自由主義樣貌。這並不算是誤用的案例，而是修整與重塑。差不多半個世紀以來，國際關係的語言多次提及「自由主義的世界秩序」。其倡議者傾向於採取宏觀的自由主義觀點，描繪出廣大的輪廓，但忽略了可以辨識自由主義意識形態的區別性細節。誠如喬治・索倫森[3]所評論：「自由主義觀念在國際領域上的發展，不如國內政治那般成熟。」雖然在國內環境中，自由主義的觀念和意識形態既複雜、又經常受到其他意識形態的挑戰與批判，必須與保守主義、民族主義、社會主義、綠色政治、基本教義派、民粹主義等對手競爭；但弔詭的是，在國際關係分析家之間卻有相當大的共識：這個世界的秩序是自由主義式的。然而，我們很難說這顯然是自由主義的世界秩序源自於所謂的「西方」，或特別是以近乎霸權地位的美國為基礎。因為這樣的國際秩序受到保守主義、民族主義、準民粹主義政府以及社會民主福利國家的廣泛支持，也經常在許多細微層面上推動；而上述支持者，在敏銳的意識形態分析家眼中，沒有一個可以歸類為自由主義陣營。

那麼，什麼是「自由主義的世界秩序」呢？這個語詞為何如此受歡迎，無論在國際場域的參與者或國際關係的專家之間皆然？其核心具備三個或隱或顯的假設。首先，「自由主義的民主」並非意指某個意識形態，而是一種政權形式、一套制度性的政治安排、以及一個以法規為基礎的系統，「自由主義的民主」一詞只是方便有用的簡稱而已。這些安排符合第一層自由主義主張的最小基礎，但遠遠落後於十九世紀中葉以來的自由主義轉型。現在，許多保守的、

3 喬治・索倫森（Georg Sørensen），丹麥奧胡斯（Aarhus）大學政治學教授，此處引文出自*A Liberal World Order in Crisis*一書，作者認為過去的二十年裡，自由民主國家未能建立有效和合法的自由世界秩序，而這與自由主義內部的衝突有關——一是肯定自由價值的普遍有效性，並積極推動自由主義在世界的擴展，另一則是強調不干涉、適度和尊重他人的自由主義。

社會民主的、民族主義的或民粹主義的政治體系——特別是在歐洲和美洲大陸，但也出現在澳洲、紐西蘭、印度和日本——普遍接受憲政主義與法治，即使並未明顯或明確採行自由主義之類的意識形態。過於概括認定這些政體的互動皆為自由主義的現象，導致國際關係理論家爭論，自由主義國家在實務上經常違背自由主義的原則。

比較合理的說法應該是：這些所謂的「自由主義國家」，並不必然擁有自由主義的政府或整全的自由主義意識形態。他們在實務上可能一開始就不是自由主義的，因為其標榜之自由主義要不極為輕薄、只是名義上的，要不就被非自由主義觀念深深壓制。將小布希對伊拉克的外交政策描述成意圖藉由強行改變政權來促進自由和民主，這並不代表在高度保守主義的共和黨領導下，美國的政策是自由主義的，無論從第三層或第四層自由主義的任何意義來看都無法成立。相反地，它呈現出貶抑整體自由主義的風險。即使是促進自由本身——在國際秩序中被描述為「自由主義的動能」——也不能保證隸屬於自由主義家族的成員，如果它隱含的意義如理查．陶尼[4]的名言所述：「狗魚的自由乃為鰷魚之死」[5]。

第二個假設是自由主義總涉及立基於資本主義與市場的經濟（此假設與新自由主義過度膨脹自由市場而犧牲其他多數自由主義價值的論述不同）。這樣的說法不夠細緻，因為無論資本主義或市場都不是定量的概念。在不同意識形態的架構中，會呈現不同的控管程度。一些自由放任主義者對自由市場的順應程度遠甚於福利自由主義者。與那些希望藉由稅收及其他方式將企業利潤轉向公益事物與服務的自由主義者相比，企業家更受自身的利潤動機所主導。如同第四章所言，自由主義核心概念之間的不相容，產生了多種消弭爭議的方式與

4 理查・陶尼（Richard Henry Tawney, 1880-1962），英國經濟史學家、其時代最有影響力的社會批評家和改革家之一。牛津大學畢業後從事社會工作，成為工人教育協會的成員，後出任經濟史教授。他是熱心的社會主義者，透過具影響力的出版品協助制定了一九二〇和三〇年代英國工黨的經濟觀點，大力推動社會改革，許多措施——提高離校年齡、擴大工人教育、確定最低工資——都被採納。

5〔譯按〕freedom for the pike is death for the minnows，某些人的自由必須以限縮他人的自由為代價。

不同優先順位的排序，彼此經常直接競爭。在過去，私有財產固然是承繼自洛克等人的部分道德觀；但近一個世紀以來，無論私有財產或資本主義本身——作為一種金融和商業權力投資擴張的系統——都並非自由主義所特有，這與自由主義國際秩序盛行的觀點恰恰相反。事實上，資本主義受到中國及歐洲、美洲許多非自由主義國家的認同與追求，其意識形態與政權顯然不只是保守主義或社會主義，還包括過往或現存的民族主義和法西斯主義。

第三個假設認定，國際場域的自由主義通常與推動普遍人權與和平解決衝突相關連。然而，應該保護並促進哪種人權卻存在分歧，這種分歧類似於第一層自由主義與第三、第四層自由主義之間的差別。既定的人權清單主要包含尊重個人自由的權利、免受暴虐酷刑的權利、人身安全的權利、財產所有權，以及性別、種族和宗教的平等；另外還有集體性的民族自決權。聯合國和其他國際組織後來才試圖將重心轉移到人類發展的權利（第三層自由主義的核心），以及範圍相對寬廣的社會和經濟權（第四層自由主義的核心）。

因此，新的干預主義觀念現在已經進入國際自由主義的論述。第四層自由主義者熟悉的普遍福利考量（確保能夠防範國內人道危機的社會條件）改變了干預與強制執行的理據，例如在面對科索沃、非洲和中東問題時——儘管是以選擇性的方式隨意介入。然而，對於那些額外權利的優先性、或甚至是否該歸類於自由主義，各國或國際研究的學者之間並未形成共識。闡述自由國際主義以及將「自由主義」這個形容詞加諸致力於建構世界秩序之主要行為者的問題，不在於他們遮蔽了自由主義的完整觀點，而是他們似乎沒有從隨著時空累積之自由主義論述的豐富智識中獲益。這個問題雖然也存在於國內自由主義的某些圈子，但在國際政治中顯得更為普遍。

作為攻擊目標的自由主義

某種挾帶意識形態爭辯的片面性，對自由主義前提進行連串批判的來源始於馬克思主義陣營。馬克思主義者將自由主義視為典型的資產階級意識形態，以犧牲勞工階級來增進資本家的利益，或者烏托邦式地從事抽象人權的推廣，而不著眼於具體物質條件的改善。經歷過馬克思主義階段的英國作家和社會主義者哈洛德·拉斯基[6]提供了一個很好的例證。拉斯基不經意地承認左派自由主義思想家（如格林、霍布豪斯）的存在，甚至也讚揚了早期自由主義的突破，像提倡契約自由等等。但是，自由主義「與先前的思潮一樣，完全忘記了社會正義的主張不會因為獲得勝利而終結。」從自由創立的歷史制度「掩蓋了內部的腐敗」：

自由主義總傾向於將窮人視為因自身過錯而導致失敗的人。它一直未能意識到巨大的財富代表著對男男女女和許多事物擁有權力。……其目標無疑是以普遍性的詞語表達；但在實務操作中……卻成為社群中某個單一階級的僕人。

在美國的公共政治論述中，自由主義從一個非常不同的立場——經常是二分法的方式——與保守主義相提並論。即使是專業的分析家也傾向於在這種配對的範圍中討論。認為美國人可以如此簡單地歸類是種極大的扭曲。但不可諱言，它在美國政治論辯中具有重大的修辭意義，並延伸出難以抹滅的政治裂痕。整體而言，當代美國的保守主義者被視為偏好現狀、法律秩序、私有財產權、市場、小政府和階層社會。相反地，自由主義者被認為會優先考慮大政府（一九三〇年代小羅斯福總統的遺產）、公民權利（一九六〇年代的遺產）、寬容和較強烈的社會平等。先撇開這些概述的準確性不談，它們確實遍及政治的各個層面，從稅務政策到移民、健康保險及墮胎。其造就的二元對立，讓自由主義理論家冀求的任何形式的共同基礎或相互尊重都無法形成。

美國保守派學者約翰．哈洛威爾在知名著作《自由主義作為一種意識形態

---

6 哈洛德．拉斯基（Harold Joseph Laski, 1893-1950），英國政治理論家、經濟學家。牛津大學畢業並為《每日先驅報》工作後，拉斯基離開英國在加拿大和美國任教，一九二〇年返回英國，積極活躍於工黨。一九二六年接受倫敦政經學院職位，教授政治學直到去世。早年抨擊全能主權國家的概念，主張政治多元；一九三〇年大蕭條期間轉向馬克思主義，認為資本主義的經濟困難可能導致政治民主的毀滅。一九四五—四六年擔任英國工黨主席。

的衰落》中，指責自由主義從活力旺盛走向衰敗。他認為寬容和多元主義是削弱政治與思想意志的主因，為兩次世界大戰之間左右兩翼的極權主義鋪下坦途。近期對自由主義偏頗扭曲的例子出現在一九八八年的總統競選期間，部分人士專注於攻擊所謂的「L—字」（L-word；即自由主義）；一名評論員將此現象描述為「處心積慮地試圖把自由主義傳統從美國的政治認同中移除」。民主黨候選人麥可・杜卡基斯被塗上「污漬」，自由主義則被爭議性地等同於破壞國防和放縱危險罪犯[7]。不同於歐洲的狀況，自由主義的貶抑意涵在美國強大到很難翻轉成正向的使用，甚至連其替代語詞如「進步主義」等也陷於相同困境。雖然也有足以辨識的自由主義潮流穿梭於美國政治，但它們是連結在一個經常不敢直呼自己名稱的意識形態上。

自由主義的過度與傲慢

自由主義並未發明法治，但它成了法治的一大擁護者。在各種正確的價值中，法治是以下價值的具體展現：良好的程序、公平的待遇、權利保護、以及確保政治制度平穩運行所需的可預測性。不過，倘若法治脫離了民主控制——就像英國在一九四七年以前對印度及其他殖民地的統治一樣——空有自由主義之名的作為就不再屬於自由主義了。取而代之的是一種嚴格且經常具有壓迫性的方式，強加法律於受支配的社會，缺乏慈善、尊重及合乎情理的品質。自由主義的文化和教育標準迫使殖民社會落入次等地位。當地社會試圖表達異議、抗議帝國法律或遵循自我習俗的行徑，往往遭致嚴厲的鎮壓。原本自由主義者如此珍惜的個體自由發展，卻不能應用於國外的許多文化。即使種族三合一概念（民族、文化和族群）的偉大倡議者彌爾，也抱持類似的態度，如下文所示：

---

7 麥可・杜卡基斯（Michael Dukakis, 1933-），美國政治家和律師，曾任麻薩諸塞州州長（一九七五—七九，一九八三—九一），州長任內政績卓著，一九八八年被提名為民主黨總統候選人。競選期間的支持度原本與共和黨候選人老布希不相上下，但在爭議性的負面廣告中，杜卡基斯被描繪成一個危險的自由主義者。該廣告以一名被判處無期徒刑的非裔罪犯William R. Horton，受益於麻州的週末休假計畫，結果休假期間他強姦了一位白人婦女並刺傷其男友，布希的競選團隊和支持者將此作為證據，攻擊杜卡基斯在打擊犯罪方面不夠嚴厲。

……我們可以不考慮那些社會的落後狀態，其種族本身或許尚未成熟。……面對野蠻人，專制是正當的政府模式，只要目標是為了改善他們的處境。

此外，正如霍布森所知，資本主義和市場在自由貿易保護下的擴張，並無法掩蓋經常被拿來作為帝國主義統治和剝削工具的事實。當所謂自由主義的國家行使這些不當權力時，他們就已經將自己排除在自由主義家族之外了，無論嘴裡是如何編織自由主義的理想和願景。國內整體是自由主義的社會，卻在國外推行令人震驚的專制政策，這樣的事實可能被視為外部自由主義文明計畫的失敗延伸，或者更合理的說法，應該只是偏離了自由主義的核心理念——主要是偏離了自由的普遍訴求，以及其所擁護之個體性發展。

在國內政策方面，自由主義也與民主存在某種緊張關係，有些是正當的，有些則不然。從許多觀點來看，自由主義是一種菁英學說，迎合受過良好教育者，或者只迎合了那些接受西歐和北歐價值觀教育的人，然後再傳播到世界其他角落，產生不均衡的成效。自由主義缺乏普羅大眾型的訴求，無法用三言兩語或簡單的口號傳達。無疑地，自由主義者之間存在明顯的家長式傾向——展現於其高尚的情操、對文明使命的自信，以及教育作為公民身分關鍵的過度強調。閱讀彌爾的《論自由》，很難不假定彌爾把自己視為他所設想之自由進步個體的榜樣，也很難不認為他與多數人的經驗相隔甚遠，並對多數人的政治能力抱持嚴肅保留的態度。當我們閱讀當代政治哲學家時發現，他們所認同之不斷反思與評估生活選擇的繁重要求，其實只能來自智識分子的書桌。同樣值得注意的是，自由主義越仰賴規範措施來優化社會成員的生活機會，對社會的看法越趨統合與同質，那麼它的指導傾向就越加奏效。這在第四層自由主義中格外明顯：伴隨著賦能與引導性的實踐，建立起福利國家。

自由主義的家長式作風——宣稱是特權階級對邊緣族群的善意恩惠——並非刻意的強硬、傲慢或專橫。它是受真誠的改革衝動所驅使的溫和家長主義。儘管如此，整個十九世紀以來，自由主義者提倡了理想品格應該如何的想法，並對民主進程的全面參與設定了先決條件。適合承擔公民完整重擔的，最初只有擁有財產者，後來再改為符合最低教育標準者。女性的狀況更糟，比如在英國，直到一九二八年，她們才擁有完整的投票權[8]，這當中還包括一九〇六至一九一四年改革派的自由黨政府執政期間。排除女性投票的一個理由是她們不夠獨立，投票行為會受到父親、兄弟和丈夫的影響——再也找不到比這更家長式的說法了！

一開始勉強接受民主之後，自由主義者尋求社會革新的實現，並為合宜的生活應該是什麼樣子建立基準，而且這些基準中有許多是留給專家決定的。因此，個人對社會保險計畫的繳納是強制性的，如此在財務上才是可行的。許多顯然為自由主義的福利政策，特別是在美國，反倒讓勞工嚐到懲罰性的苦果。美國的進步主義同樣擺脫不了家長式的特質，如沃爾特・李普曼在《公眾輿論》中大力讚揚專家對一般民眾的重要性。或許信賴專家並沒有什麼錯，只要他們受到公眾的檢驗監督；但問題是，自由主義的政策制定往往過於倉促，跳過了這種商議過程。太多人被認定為無法提出可以解放他們的社會願景。一個多世紀前，當英國自由黨政府引入強制性社會保險計畫時，他們遭受老派的第二、第三層自由主義者抵制，將之稱為「社會責任與……家長式政府的新型自由主義」。但其他自由主義者卻從不同角度來看待這類強制。經濟學家和政治工作者奇奧扎・蒙尼[9]寫道：

應該不難讓努力工作維持生計的普通人看清，民主法規的強制，不僅跟那讓他必須日復一日屈服挨餓的經濟強制截然不同，而且藉由法規的強制，他可能發現經濟壓迫的舒緩，或甚至從中解脫。

8 一九一八年二月，英國王室批准新法律，當年有八百萬婦女得以投票選舉國會議員，但限於三十歲以上、有財產的婦女。一九二八年，對女性投票的年齡和財產限制才取消。

9 奇奧扎・蒙尼（L. Chiozza Money, 1870-1944）出生於義大利的經濟理論家、記者、政治人物。一八九〇年代移居英國，初以記者和作家的身分聞名，尤其擅長對統計分析的使用，其觀點並引起勞合・喬治和邱吉爾的興趣。蒙尼支持自由貿易，在一九〇四年加入自由黨，隔年出版他最著名的作品《財富與貧困》，其對英國財富分配的分析極具影響力，並被社會主義者、工黨政治家和工會成員廣泛引用。一九〇六—一八年擔任議員，也曾短暫進入勞合・喬治政府。

有意無意的歧視

自由主義也有自身的緘默與誤判。如果說其他意識形態經常刻意公然地針對自由主義及其信念講述誤導性的故事，自由主義者本身也犯了許多錯誤，要不戴著眼罩拒絕面對，要不樂觀地忽視其中的關鍵議題。關於種族和族群的問題，只在第五層自由主義的視野中緩緩蠕動。我們應當正視自由主義輕忽問題的責任，特別是它還自詡為一個具有社會意識與反應能力的意識形態。即使現在，自由主義仍展現一種無法完全擺脫的盲點，其宣稱對公眾利益抱持包容性的關切，卻未能消除具有排他性、以白人為主的種族父權制。

性別議題一直對自由主義者造成困擾，儘管很早就認知到涉及女性政治地位的一些問題，如瑪麗・沃斯通克拉夫特所闡述[10]。彌爾及妻子哈莉特・泰勒是女性政治平權——包括投票權——的早期倡導者，堅決認為「男女權利不平等的根源無他，就是強者的法律。」然而，隨女性選舉權而來的形式上和法律上的平等，依然受到女性主義者的抨擊，主要基於兩個理由。首先，它在不平等的縮減上過於膚淺和局部，使得經濟和文化上的性別鴻溝持續存在。其次，近來女性主義者共同體認到的論題是，它只不過在政治上將女性轉變為男性，將之吸納到基於男性文化特徵而形成的現存公民範疇中，對於建構性別差異沒有任何敏感度。這種性別盲目讓自由主義注定無法達成女性主義的期盼。而且其與契約的歷史連結，延伸到婚姻實務中反倒呈現潛在的壓迫性。它被指控淪為詭辯二分的獵物；在這種二分法中，男性占據了心智、理性和普遍性的公共領域，女性則位居身體、情感和個殊性的私人領域。於是，女性主義者開始朝向激進的馬克思主義、後現代主義等意識形態，以尋求更有效、更合乎道德的解決方案。然而，從自由主義陣營外的觀點，傾向於誇大自由主義的惡意與無

10 哈莉特．泰勒（Harriet Taylor, 1807-1858），英國作家、哲學家和女權倡導者。一八二六年與富商約翰．泰勒（John Taylor）結婚，育有三名子女。一八三〇年結識約翰．彌爾，長達二十年的友誼和密切通信，在泰勒死後與彌爾結婚，兩人在智性上互相啟發，經常一起工作。一八五一年她以彌爾的名義發表文章，主張兩性之間的絕對平等是社會進步的先決條件。彌爾一再強調哈莉特對他的影響與重要性，甚至將其名著《論自由》歸功於她。

能，某些女性主義者也容易將所有的自由主義等同於二十世紀初出現的具體實踐，造成以偏概全的刻板印象。

上述例子在在顯示，當自由主義這樣的意識形態以極端的方式追求單一核心價值或概念（而忽略其他價值概念）時，會如何動搖根基。若缺乏寬容與公眾利益的關注，法律正當性將導致制度上的殘暴；如果沒有社會正義，不受限制的市場和財富累積會造成貪婪暴利、無所規範的新集權；只追求文明化的生活標準而欠缺民主敏感度，將導致一種遙不可及的菁英主義；若對多元差異毫無警覺，理性共識與民族同質性的信念會衍生出社會的排斥現象；只納入女性卻未察覺父權主義的持續存在，已經被證明是不適當的了。任何單一的自由主義價值本身並不能確保自由主義，而且還很可能會侵蝕它。要讓自由主義成立，應該對其組成要素交叉檢視、相互平衡，並允許多種彈性的排列方式，只要它們不會自我破壞。

自由主義的熱情：救贖性的收尾

指出自由主義的一些偏失之後，本章最後將針對自由主義者及其信念之間的關係，糾正一種典型的錯誤認知。無疑地，自由主義關乎理性對政治議題的合理應用。然而，近來它經常因為無法找到合適的語言來吸引不同政治品味的普羅大眾而付出代價。自由主義與冷靜、反思的理性相連結，其實只是事情的一個面向。就像其他任何意識形態一樣，自由主義也有情感的面向，但它經常被批評者低估，甚至支持者有時也未能察覺。對霍布豪斯而言，「始終無法發揮效能、只停留在學界的哲學，是那些經由抽象反思形成的哲學，與人類飢渴的靈魂毫無關聯。」他認為，只有發自人類情感實際需求的哲學才能產生動力。事實上，這正是賦予意識形態力量的來源。自由主義不只關乎理性，也與想像力和社會情感相關。自由主義者相信，這就是自由主義一大優勢：理性觀念——在其最好狀態下——激發了熱情和許諾。自由主義者在面對不公義時會血脈賁張，對侵犯人類尊嚴和人身暴力會勃然大怒。違反人性的行為將引發憤怒和抗議——只不過自由主義者畢竟是自由主義者，其抗議通常是透過請願、投書及要求修改法律或政策的宣傳活動，而非激烈的直接行動。這或許是一個多世紀以前爭取投票權的女權行動者會對自由主義失去耐心的原因之一。與煽動力十足的左派和右派分子不同，在大眾政治時代尋求支持時，自由主義陣營的誇飾言辭與宣傳手法仍然顯得克制。不幸地，這降低了他們在政治領域的競爭優勢。

正如第二章所觀察，自由主義者也不反對民族主義，雖然他們可能偏好較為溫和、沒有那麼尖銳的愛國主義形式。民族主義是對自己國家或種族強烈情感認同的實踐。自由主義者似乎將民族自決權擴延至所有國家，儘管在承認多元族群的世界裡，對構成民族的要件有一致性的見解益發複雜。無論如何，自由主義者終究對自己的世界觀充滿感情。如義大利的自由主義歷史學家圭多・德・魯傑羅[11]所言：「自由主義具備那種機智或才能……是真實的政治敏感度，有助於認知屬於人類的所有事情——人類的長處與弱點、人類的理性與熱情、人類的利益與道德。」因此，以霍布豪斯給予自由民主派的訊息作為本書結尾應該很適合：

……他們可能明白，正義願景所呈現的整體美感燃起了一種熱情，或許不會戲劇性地爆發閃爍火花，但會在中央熾熱的持久光輝中不停燃燒。

11 圭多．德．魯傑羅（Guido de Ruggiero, 1888–1948），義大利哲學史學家，先後於墨西拿（Messina）和羅馬大學任教，他對自由主義價值觀的主張使其成為抵抗法西斯主義的主要代表，一九二五年簽署貝內德托．克羅齊的《反法西斯知識分子宣言》，於一九四二年被解聘，一九四三年擔任羅馬大學校長，隨後任公共教育部長。他以十三卷的哲學史 *Storia della filosofia* 成名，另著有《歐洲自由主義史》。

by the editors, A. Gamble, and M. Ferrera.

有關東歐自由主義，參見Z. Suda and J. Musil (eds.), *The Meaning of Liberalism: East and West* (Budapest: Central European University Press, 2000).

關於自由國際主義，參見B. Jahn, *Liberal Internationalism* (Houndmills, Basingstoke: Palgrave Macmillan, 2013).

關於非自由主義的過度行為，參見D. King, *In the Name of Liberalism: Illiberal Social Policy in the USA and Britain* (Oxford: Oxford University Press, 1999).

關於自由主義的家長作風，見M. Freeden, 'Democracy and Paternalism: The Struggle over Shaping British Liberal Welfare Thinking', in A. Kessler-Harris and M. Vaudagna (eds.), *Democracy and Social Rights in the 'Two Wests'* (Torino: Otto, 2009), pp. 107–22; and W. Lippman, *Public Opinion* (New York: Brace and Co., 1922).

關於自由契約的性別壓迫，參見C. Pateman, *The Sexual Contract* (Cambridge: Polity Press, 1988).

第六章——哲學性的自由主義：理想化正義

對自由平等主義富有啟發性的闡述，請參見 A. Gutmann, *Liberal Equality* (Cambridge University Press, 1980).

關於自由主義與社群主義的分歧有大量文獻。對於不同的觀點，見 M. Sandel, *Liberalism and the Limits of Justice* (Cambridge: Cambridge University Press, 1982); S. Mulhall and A. Swift, *Liberals and Communitarians* (Oxford: Blackwells, 1996); and C. Taylor, 'Cross-Purposes: The Liberal-Communitarian Debate' in N.L. Rosenblum (ed.), *Liberalism and the Moral Life* (Cambridge, MA: Harvard University Press, 1989), pp. 159–82.

有關自由主義中立性的研究，請見 R.E. Goodin and A. Reeve (eds.), *Liberal Neutrality* (London: Routledge, 1989); and W. Kymlicka, 'Liberal Individualism and Liberal Neutrality', *Ethics*, vol. 99 (1989), pp. 883–905.

作為政治行動的排序，請參見 M. Freeden, *The Political Theory of Political Thinking: The Anatomy of a Practice* (Oxford: Oxford University Press, 2013), pp. 132–65.

關於柏林的多元主義，參見 G. Crowder, *Liberalism and Value Pluralism* (London: Continuum, 2002); J. Cherniss, *A Mind and its Time: The Development of Isaiah Berlin's Political Thought* (Oxford: Oxford University Press, 2013); G. Garrard, 'The Counter-Enlightenment Liberalism of Isaiah Berlin', *Journal of Political Ideologies*, vol. 2 (1997), pp. 281–96; and G.E. Gaus, *Contemporary Theories of Liberalism* (London: Sage Publications, 2003).

第七章——濫用、貶抑和背離

關於新自由主義，見 M. Steger and R.K. Roy, *Neoliberalism: A Very Short Introduction* (Oxford: Oxford University Press, 2010); and M. Olssen, *Liberalism, Neoliberalism, Social Democracy* (Abingdon: Routledge, 2010). 另見 M. Thatcher and V. Schmidt (eds.), *Resilient Liberalism in Europe's Political Economy* (Cambridge: Cambridge University Press, 2013), especially the chapters

Liberalism as a Case of the History of European Constitutional Liberalism', *European Journal of Political Theory*, vol. 7 (2008), pp. 65–79.

關於穿戴頭巾的自由主義分析，參見 C. Laborde, *Critical Republicanism: The Hijab Controversy and Political Philosophy* (Oxford: Oxford University Press, 2008)；以及 K.A. Beydoun, '*Laïcité*, Liberalism, and the Headscarf', *Journal of Islamic Law and Culture*, vol. 10 (2008), pp. 191–215.

第四章——自由主義的樣態

關於本質上存在爭議的概念，請參見 W.B. Gallie, 'Essentially Contested Concepts', *Proceedings of the Aristotelian Society*, vol. 56 (1955–6), pp. 167–98；以及 D. Collier, F.D. Hidalgo, and A.O. Maciuceanu, 'Essentially Contested Concepts: Debates and Applications', *Journal of Political Ideologies*, vol. 11 (2006), pp. 211–46.

關於自由主義思想和概念，參見 W.A. Galston, *Liberal Purposes* (Cambridge: Cambridge University Press, 1991); S. Macedo, *Liberal Virtues* (Oxford: Clarendon Press, 1991); and G.F. Gaus, *Political Concepts and Political Theories* (Boulder, CO: Westview Press, 2000).

關於比較自由主義主題，見 M. Freeden, 'European Liberalisms: An Essay in Comparative Political Thought', *European Journal of Political Theory*, vol. 7 (2008), pp. 9–30.

第五章——自由主義之光

有關本章思想家的進階閱讀，可以參考第一章列出的介紹性書籍。

馬克斯・韋伯思想的兩個來源是 H.H. Gerth and C.W. Mills (eds.), *From Max Weber* (New York: Oxford University Press, 1946); and P. Lassman and R. Speirs (eds.), *Weber: Political Writings* (Cambridge: Cambridge University Press, 1994).

Politics (London: Swan Sonnenschein, 1901)；以及 L.T. Hobhouse, *Social Evolution and Political Theory* (New York: Columbia University Press, 1911).

有關英國社會自由主義的分析，請參見 M. Freeden, *The New Liberalism: An Ideology of Social Reform* (Clarendon Press: Oxford, 1978)；以及 M. Freeden, *Liberalism Divided: A Study in British Political Thought 1914–1939* (Clarendon Press: Oxford University Press, 1986).

第三章——自由主義的層次

有關北歐自由派的變體，請參閱 I.K. Lakaniemi, A. Rotkirch, and H. Stenius (eds.), *Liberalism—Seminars in Historical and Political Keywords in Northern Europe* (Helsinki: Renvall Institute, 1995).

關於將時間和時間性納入自由主義思想，見 M. Freeden, *Liberal Languages: Ideological Imaginations and Twentieth Century Political Thought* (Princeton, NJ: Princeton University Press, 2005), chapter 1.

有關帝國主義的探討，參見 J. Darwin, *Unfinished Empire: The Global Expansion of Britain* (London: Penguin Books, 2012); H.C.G. Matthew, *The Liberal Imperialists* (Oxford: Oxford University Press, 1973); D. Chakrabarty, *Provincializing Europe: Postcolonial Thought and Historical Difference* (Princeton, NJ: Princeton University Press, 2000).

關於身分和差異的政治，請參閱 I.M. Young, *Justice and the Politics of Difference* (Princeton, NJ: Princeton University Press, 1990); A.T. Baumeister, *Liberalism and the 'Politics of Difference'* (Edinburgh: Edinburgh University Press, 2000).

關於印度的自由主義，見 R. Bhargava, *The Promise of India's Secular Democracy* (New Delhi: Oxford University Press, 2010); R. Bajpai, *Debating Difference: Group Rights and Liberal Democracy in India* (New Delhi: Oxford University Press, 2011).

關於荷蘭的自由主義，參見 H. Te Velde, 'The Organization of Liberty: Dutch

Handbook of Political Ideologies (Oxford: Oxford University Press, 2013).

關於自由主義式女權主義及其批判，參見S. Moller Okin, *Justice, Gender and the Family* (New York: Basic Books, 1989)；以及A.M. Jaggar, *Feminist Politics and Human Nature* (Totowa, NJ: Rowman and Littlefield, 1983).

第二章——自由主義的敘事

Q. Skinner, *Machiavelli* (Oxford: Oxford University Press, 1981) 對馬基維利的共和主義做了有意義的介紹。儘管他本人不是原型自由主義者，但馬基維利的共和主義特徵，以及對具有公民意識的社會參與的認可，滲透到二十世紀的自由主義話語中。另見Q. Skinner, *Liberty before Liberalism* (Cambridge: Cambridge University Press, 1998).

對比英國自由主義對私有財產的看法，參見R. Muir, *The New Liberalism* (London: The Daily News Ltd, n.d. [1923]) 和J.A. Hobson, *Property and Improperty* (London: Victor Gollanz, 1937).

有關涂爾幹自由主義的研究，請參見W. Logue, *From Philosophy to Sociology: The Evolution of French Liberalism 1890–1914* (Dekalb, IL: Northern Illinois University Press, 1983).

關於十九世紀的英國自由黨，參見W. Lyon Blease, *A Short History of English Liberalism* (London: T. Fisher Unwin, 1913).

邊沁效益主義式個人主義最清晰的表達在J. Bentham, *An Introduction to the Principles of Morals and Legislation* (New York: Dover Publications, 2007).

黑格爾關於倫理和政治哲學的權威著作是他的*Elements of the Philosophy of Right* (Cambridge: Cambridge University Press, 1991).

G. Mazzini對愛國主義的告誡可見於他的*The Duties of Man* (London: Chapman and Hall, 1862).

關於社會在新型自由主義理解中的重要性，見J.A. Hobson, *The Social Problem* (London: James Nisbet & Co. 1901).

探討社會演化與自由主義論點的相關性，參閱D.G. Ritchie, *Darwinism and*

延伸閱讀

第一章——一棟很多房間的屋子

關於自由主義的著作比任何人合理地想的還要多。有關較早但仍然有影響力的自由主義歷史，請參閱G. de Ruggiero, *The History of European Liberalism* (Boston: Beacon Press, 1959 [first published 1927]；以及L. Hartz, *The Liberal Tradition in America* (New York: Harcourt, Brace and World, 1955). 導論性研究有J.G. Merquior, *Liberalism Old and New* (Boston: Twayne Publishers, 1991); J.A. Hall, *Liberalism* (London: Paladin, 1988); 和R. Bellamy, *Liberalism and Modern Society* (Cambridge: Polity Press, 1992). 在美國脈絡下的出色分析可參見P. Starr, *Freedom's Power: The True Force of Liberalism* (New York: Basic Books, 2007). 關於最近的報導，請參見Edmund Fawcett, *Liberalism: The Life of an Idea* (Princeton: Princeton University Press, 2014). 關於自由主義歷史性失敗的高度批判性討論，請參閱D. Losurdo, *Liberalism: A Counter-History* (London: Verso, 2011).

對自由主義意識形態最好的哲學研究仍然是L.T. Hobhouse, *Liberalism* (London: Williams and Norgate, 1911).

美國自由主義哲學方法的指南分別是一本書和一章：J. Rawls, *Political Liberalism* (New York: Columbia University Press, 1996); 以及R. Dworkin, 'Liberalism' in R. Dworkin, *A Matter of Principle* (Clarendon Press: Oxford, 1986). 早期對羅爾斯的一個重要批評是M. Sandel, *Liberalism and the Limits of Justice* (Cambridge: Cambridge University Press, 1982).

關於意識形態的本質，見M. Freeden, *Ideology: A Very Short Introduction* (Oxford, 2003)；以及'The Morphological Analysis of Ideology' and on 'Liberalism' in M. Freeden, L.T. Sargent, and M. Stears (eds.), *The Oxford*

[1936]), pp. 167–8.
J.H. Hallowell, *The Decline of Liberalism as an Ideology* (Berkeley, CA: University of California Press, 1943).
對1988年總統大選的評論見P.M. Garry, *Liberalism and American Identity* (Kent, Ohio: Kent State University Press, 1992), p. 10.
J.S. Mill, 'On Liberty', in J.M. Robson (ed.), *Essays on Politics and Society, Collected Works of J.S. Mill*, vol. 18 (Toronto: University of Toronto Press, Routledge and Kegan Paul, 1977), p. 224.
W. Lippmann, *Public Opinion* (New York: Macmillan, 1922).
J. Armsden, 'First Principles of Social Reform', *Westminster Review*, vol. 169 (1908), p. 639.
L. Chiozza Money, *Insurance versus Poverty* (London: Methuen and Co, 1912), p. 7.
J.S. Mill, 'The Subjection of Women', in J.M. Robson (ed.), *Essays on Equality, Law and Education, Collected Works of J.S. Mill*, vol. 21 (Toronto: University of Toronto Press, Routledge and Kegan Paul, 1984), p. 264.
L.T. Hobhouse, *Liberalism* (London: Williams and Norgate, 1911), pp. 51, 250–1.
G. de Ruggiero, *The History of European Liberalism* (Boston: Beacon Press, 1959 [1927]), p. 390.

& Kegan Paul, 1960), p. 39.

第六章——哲學性的自由主義：理想化正義

John Rawls, *A Theory of Justice* (Oxford: Oxford University Press, 1971), p. 3. 他在以下的書討論了現實烏托邦的想法 J. Rawls, *The Law of Peoples* (Cambridge, MA: Harvard University Press, 1999), pp. 11–23. 羅爾斯極簡的自由主義，見 J. Rawls, *Political Liberalism* (New York: Columbia University Press, 1996).

赫伯特·阿斯奎斯對個人發展的評論，發表於他在下議院的一次演講中 (*Hansard*, 4th Series, 18 April 1907).

羅爾斯和德沃金論中立性的觀點，請參閱 J. Rawls, *Political Liberalism, op. cit.*, p. 161; 以及 R. Dworkin, 'Liberalism' in R. Dworkin, *A Matter of Principle* (Clarendon Press: Oxford, 1986), pp. 181–204.

H. Croly, *The Promise of American Life* (New York: Macmillan, 1909), p. 192.

G.F. Gaus, *Justificatory Liberalism* (Oxford: Oxford University Press, 1996), pp. 293–4.

B. Williams, *In the Beginning was the Deed* (Princeton: Princeton University Press, 2005), especially pp. 1–18.

I. Berlin, *Four Essays on Liberty* (Oxford: Oxford University Press, 1969). 這包含了他最著名的對自由主義思想的分析和他對自由概念的處理。

第七章——濫用、貶抑和背離

J. Szacki, *Liberalism after Communism* (Budapest: Central European University Press, 1995), p. 109.

G. Sørensen, *A Liberal World Order in Crisis* (Ithaca, NY: Cornell University Press, 2011), p. 54.

R.H. Tawney, *Equality* (London: George Allen & Unwin, 1938 edn), p. 208.

H.J. Laski, *The Rise of European Liberalism* (London: Unwin Books, 1962

統中的相對重要性。

第五章——自由主義之光

J.S. Mill, 'On Liberty' in J.M. Robson (ed.), *Essays on Politics and Society, Collected Works of J.S. Mill*, vol. 18 (Toronto: University of Toronto Press, Routledge and Kegan Paul, 1977), p. 261.

T.H. Green, *Liberal Legislation and Freedom of Contract* (Oxford: Slatter and Rose, 1881), pp. 9–10.

L.T. Hobhouse, *Liberalism* (London: Williams and Norgate, 1911), pp. 124, 126.

J.A. Hobson, *The Crisis of Liberalism* (London: P.S. King & Son, 1911), pp. xii, 97, 113.

M. Wollstonecraft, *A Vindication of the Rights of Woman* (Harmondsworth: Penguin Books, 1975 [first published 1792]), pp. 139, 319.

B. Constant, 'The Liberty of the Ancients Compared with that of the Moderns' in *Political Writings* (B. Fontana ed.), (Cambridge: Cambridge University Press, 1988), pp. 317, 323.

W. von Humboldt, *The Limits of State Action* (Cambridge: Cambridge University Press, 1969), p. 10, and J.S. Mill, 'On Liberty', *op. cit.*, p. 261.

B. Croce, *Politics and Morals* (London: George Allen and Unwin, 1946), pp. 78, 84, 87, 102.

C. Rosselli, *Liberal Socialism* (Princeton, NJ: Princeton University Press, 1994 [first published 1930]), pp. 78, 85, 86.

J. Dewey, *Liberalism and Social Action* (New York: G.P. Putnam's Sons, 1935), pp. 15–16, 27, 38, 43. 杜威的書仍然是對自由主義價值觀、以及自由主義歷史最好的反思之一。

F.A. Hayek, 'Liberalism' in F.A. Hayek (ed.), *New Studies in Philosophy, Politics, Economics and the History of Ideas* (London: Routledge & Kegan Paul, 1978), pp. 130, 141, 148; F.A. Hayek, *The Constitution of Liberty* (London: Routledge

理查・柯布登1846年1月15日在曼徹斯特的演講，引述自A. Bullock和M. Shock所編，*The Liberal Tradition from Fox to Keynes* (Oxford: Clarendon Press, 1956), p. 53.

彌爾頓《論出版自由》（1644年）的引文可見於http://cdn.preterhuman.net/texts/literature/books_in_PDF/1644%20Areopagitica.pdf, p. 36.

威廉・貝佛里奇的五巨惡見於他的報告'Social Insurance and Allied Services', Cmd 6404 (London: His Majesty's Stationery Office, 1942), p. 6.

「肌肉自由主義」一詞出現在英國首相大衛・卡麥隆（David Cameron）2011年2月5日在慕尼黑發表的演講。見http://www.newstatesman.com/blogs/the-staggers/2011/02/terrorism-islam-ideology

George W. Bush, 'Speech to the World Affairs Council of Philadelphia', Philadelphia, Pennsylvania, 12 December 2005. http://www.presidentialrhetoric.com/speeches/12.12.05.html

第四章——自由主義的樣態

有關自由主義形態和一般意識形態形態的詳細討論，請參閱M. Freeden, *Ideologies and Political Theory: A Conceptual Approach* (Oxford: Clarendon Press, 1996). 較簡短的介紹是M. Freeden, *Ideology: A Very Short Introduction* (Oxford: Oxford University Press, 2003).

J. Locke, 'Second Treatise of Government', *Two Treatises of Government* (Cambridge: Cambridge University Press, 1963), Section 5.

B. Mandeville, *The Fable of the Bees or Private Vices, Publick Benefits*. http://lf-oll.s3.amazonaws.com/titles/846/Mandeville_0014-01_EBk_v6.0.pdf

L. Hartz, *The Liberal Tradition in America* (New York: Harcourt, Brace and World, 1955), p. 9.

D. Bell, 'What is Liberalism?' *Political Theory*, vol. 42 (2014), pp. 682–715. 這是經過深思熟慮的嘗試，將自由主義思想的歷史重新解釋為自由主義者所聲稱、在時空上是自由主義論點的總和，而貝爾避免評估它們在自由主義傳

Treatises of Government (Cambridge: Cambridge University Press, 1963), Sections 96, 119, 225.

以撒・柏林對馬基維利的《君王論》的獨特演繹，見I. Berlin, *Against the Current* (London: The Hogarth Press, 1979), pp. 25–79.

É. Durkheim, *The Division of Labour in Society* (New York: The Free Press, 1964).

彌爾引用了 W. von Humboldt 的 *The Limits of State Action* (Cambridge: Cambridge University Press, 1969), p. 48。這本書在1854年才以英文出版，比彌爾1859年的 *On Liberty* 早了幾年。

H. Croly, *Progressive Democracy* (New Brunswick: Transaction Publications, 1914), pp. 203–4.

L. Hartz, *The Liberal Tradition in America* (New York: Harcourt, Brace and World, 1955), p. 228.

L. von Mises, *Liberalism* (Irvington, NY, 1985 [first published 1927]), pp. xvi–xvii.

H. Spencer, *The Man versus the State* (Harmondsworth: Penguin Books, 1969 [first published 1884]), p. 67.

第三章——自由主義的層次

萊因哈特・柯塞雷克的方法體現於其作品 *Futures Past* (Cambridge, MA: MIT Press, 1985).

J. Locke, 'Second Treatise of Government', *Two Treatises of Government* (Cambridge: Cambridge University Press, 1963), Section 57.

C.B. Macpherson, *The Political Theory of Possessive Individualism* (Oxford: Clarendon Press, 1962).

John Bright, Speech on 'Foreign Policy' in Birmingham, 29 October 1858. http://oll.libertyfund.org/titles/bright-selected-speeches-of-the-rt-hon-john-bright-m-p-on-public-questions#lf0618_label_037

參考資料

第一章——一棟很多房間的屋子

F. Fukuyama, *The End of History and the Last Man* (London: Penguin Books, 2012 [first published 1992]), especially pp. 45, 48, 51.

R.G. Collingwood, 'Introduction' in G. de Ruggiero, *The History of European Liberalism* (Boston: Beacon Press, 1959 [first published 1927]), p. vii.

L. Strauss, *Liberalism* (New York: Basic Books, 1968), p. vi.

L. Trilling, *The Liberal Imagination* (New York: Doubleday Anchor, 1954), p. 7.

L.T. Hobhouse, *Liberalism* (London: Williams and Norgate, 1911), pp. 46–7, 128. 霍布豪斯的《自由主義》一書仍然是人文自由主義觀點的典範。

K. Marx and F. Engels, *The German Ideology* (C.J. Arthur, ed.) (London: Lawrence and Wishart, 1970), p. 99.

C. Mouffe, *The Democratic Paradox* (London: Verso, 2000), p. 50.

R. Kirk, *The Conservative Mind* (London: Faber and Faber, 1954), pp. 388–9.

J. Rawls, *Lectures on the History of Political Philosophy* (Cambridge, MA: Harvard University Press, 2007), p. 12; and R. Dworkin, 'Liberalism' in R. Dworkin, *A Matter of Principle* (Clarendon Press: Oxford, 1986), pp. 191–2. 第六章將討論這兩位非常著名的美國自由主義哲學家。

凱因斯是二十世紀最有影響力的經濟學家，也是英國自由黨的支持者。引文來自 J. Keynes, *Essays in Persuasion* (London: Macmillan and Co., 1931), p. 343.

第二章——自由主義的敘事

洛克關於同意和抵抗的開創性討論可見於他的《政府論下篇》，見 *Two*

索倫森，喬治 Georg Sørensen
馬克思，卡爾 Karl Marx
馬志尼，朱塞佩 Giuseppe Mazzini
馬基維利，尼可洛 Nicolo Machiavelli
高斯，傑拉德 Gerald Gaus
國家社會主義者 national socialist
康斯坦，班傑明 Benjamin Constant
康德，伊曼紐 Immanuel Kant
曼德維爾，伯納德 Bernard Mandeville
現實的烏托邦 realistic utopia
終結論 endism
連帶主義 *solidarisme*
陶尼，理查 Richard Henry Tawney
陶冶 Bildung
麥克弗森，C. B. Crawford Brough Macpherson
凱因斯，約翰 John Maynard Keynes
斯密，亞當 Adam Smith
無知之幕 veil of ignorance
開放社會 open society
黑格爾 Georg Wilhelm Friedrich Hegel
傷害原則 the harm principle
奧地利自由黨 Austrian Freedom Party
新自由主義 neoliberalism
新型自由主義 new liberalsim
新政 New Deal
瑙曼，弗里德里希 Friedrich Naumann
聖奧古斯丁 St. Augustine
實用主義 pragmatism
福山，法蘭西斯 Francis Fukuyama
蒙尼，奇奧扎 L. Chiozza Money
蜜蜂寓言 Fable of the Bees
赫德，約翰 Johann Gottfried Herder
墨菲，尚塔爾 Chantal Mouffe
德沃金，羅納德 Ronald Dworkin
輝格黨 Whig
魯傑羅，圭多·德 Guido de Ruggiero
盧梭，尚一雅克 Jean-Jacques Rousseau
霍布斯，湯瑪斯 Thomas Hobbes
霍布森，約翰 John Atkinson Hobson
霍布豪斯，雷納德 Leonard Trelawney Hobhouse
默示同意 implied consent
彌爾，約翰 John Stuart Mill
彌爾頓，約翰 John Milton
薩奇，耶日 Jerzy Szacki
羅伊訴韋德案 Roe vs. Wade
羅塞利，卡洛 Carlo Rosselli
羅爾斯，約翰 John Rawls
邊沁，傑瑞米 Jeremy Bentham

克羅利，赫伯特 Herbert Croly
克羅齊，貝內德托 Benedetto Croce
批判距離 critical distance
改革法案 Reform Act
李普曼，沃爾特 Walter Lippmann
杜卡基斯，麥可 Michael Dukakis
杜威，約翰 John Dewey
沃斯通克拉夫特，瑪麗 Mary Wollstonecraft
貝佛里奇，威廉 William Beveridge
貝佛里奇報告 Beveridge Report
貝里歐學院 Balliol College
亞里斯多德 Aristotle
孟德斯鳩 Charles-Louis de Secondat Montesquieu
屈林，李奧尼 Lionel Trilling
拉斯基，哈羅德 Harold Joseph Laski
法治國 Rechtsstaat
社會自由主義 social liberalism
社群主義 communitarianism
肯認 recognition
阿奎那，多瑪斯 Thomas Aquinas
阿斯奎斯，赫伯特 Herbert Asquith
非同時的同時性 the simultaneity of the non-simultaneous
哈洛威爾，約翰 John H. Hallowell
哈茨，路易斯 Louis Hartz
威廉斯，伯納德 Bernard Williams
政治自由主義 political liberalism
柏拉圖 Plato
柏林，以撒 Isaiah Berlin
柯布登，理查 Richard Cobden
柯克，羅素 Russell Kirk
柯塞雷克，萊因哈特 Reinhart Koselleck
柯靈烏，羅賓．喬治 Robin George Collingwood
洛克，約翰 John Locke
洪堡，威廉．馮 Wilhelm von Humboldt
美國獨立宣言 American Declaration of Independence
美國權利法案 American Bill of Rights
韋伯，馬克斯 Max Weber
韋爾，沃爾特 Walter Weyl
個人主義 individualism
個體性 individuality
原初狀態 original position
哲學激進主義者 Philosophical Radicals
埃諾迪，路易吉 Luigi Einaudi
恩格斯，弗里德里希 Friedrich Engels
格林，湯瑪斯 Thomas Hill Green
泰勒，哈莉特 Harriet Taylor
海耶克，弗里德里希 Friedrich August von Hayek
涂爾幹，艾彌爾 Émile Durkheim
秩序自由主義 ordoliberal

名詞對照表

〈自由主義之立法與契約自由〉Liberal Legislation and Freedom of Contract
《二十世紀百科全書》*Enciclopedia del Novecento*
《女性權利的辯護》*A Vindication of the Rights of Woman*
《公眾輿論》*Public Opinion*
《自由主義》*Liberalism*
《自由主義作為一種意識形態的衰落》*The Decline of Liberalism as an Ideology*
《自由主義的危機》*The Crisis of Liberalism*
《自由主義與社會行動》*Liberalism and Social Action*
《自由社會主義》*Social Liberalism*
《政府論下篇》*Second Treatise of Government*
《政治與道德》*Politics and Morals*
《美國的自由主義傳統》*The Liberal Tradition in America*
《曼徹斯特衛報》*Manchester Guardian*
《新共和》*New Republic*
《論出版自由》*Areopagitica*
《論自由》*On Liberty*
《聯合國憲章》*The United Nations Charter*
丁尼生，阿弗烈 Alfred Tennyson
小布希 George W. Bush
不可共量性 incommensurability
史特勞斯，里奧 Leo Strauss
史賓塞，赫伯特 Herbert Spencer
布萊特，約翰 John Bright
皮姆・佛杜恩名單 List Pim Fortuyn
休謨，大衛 David Hume
共和論 Republicanism
共善 common good
米塞斯，路德維希・馮 Ludwig von Mises
自由主義的世界秩序 liberal world order
自由放任主義 libertarianism
自由放任主義者 libertarian
自由社會主義 liberal socialism
自由帝國主義 liberal imperialism
自由黨（荷蘭）Freedom Party
伯恩斯坦，愛德華 Eduard Bernstein
占有式個人主義 possessive individualism

左岸政治 338

自由主義：牛津非常短講 001

Liberalism: A Very Short Introduction

作　　者　麥可．弗里登（Michael Freeden）
譯　　者　吳家恆，傅士哲
總 編 輯　黃秀如
策畫主編　劉佳奇
行銷企劃　蔡竣宇
封面設計　黃暐鵬
內文排版　張瑜卿

社　　長　郭重興
發行人暨出版總監　曾大福
出　　版　左岸文化／遠足文化事業股份有限公司
發　　行　遠足文化事業股份有限公司
231新北市新店區民權路108-2號9樓
電　　話　02-2218-1417
傳　　真　02-2218-8057
客服專線　0800-221-029
E-Mail　rivegauche2002@gmail.com
左岸臉書　facebook.com/RiveGauchePublishingHouse
法律顧問　華洋法律事務所　蘇文生律師

印　　刷　呈靖彩藝有限公司
初版一刷　2022年6月
定　　價　340元

ISBN　978-626-96063-6-8（平裝）
978-626-96094-6-8（EPUB）
978-626-96094-5-1（PDF）

歡迎團體訂購，另有優惠，請洽業務部，02-22181417分機1124、1135

國家圖書館出版品預行編目（CIP）資料

自由主義：牛津非常短講001／麥可．弗里登（Michael Freeden）著／吳家恆，傅士哲 合譯
——初版——新北市：左岸文化出版：遠足文化事業股份有限公司發行，2022.06
——面；公分——（左岸政治；338）
譯自：Liberalism: A Very Short Introduction
ISBN 978-626-96063-6-8（平裝）
1.CST：自由主義
570.112　　111006351